高质量新就业研究丛书

中国人民大学科学研究基金（中央高校基本科研业务费专项资金资助）项目成果 17XNLG06

数字平台工作的动态演进

基于实践的考察进路

王琦 / 著

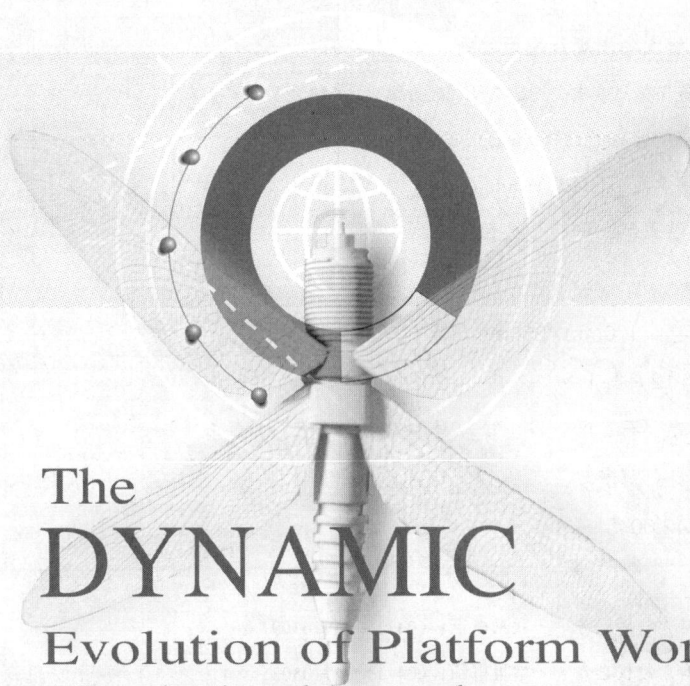

The
DYNAMIC
Evolution of Platform Work
A Practice-based Approach

东北财经大学出版社
Dongbei University of Finance & Economics Press ｜ 大连

图书在版编目（CIP）数据

数字平台工作的动态演进：基于实践的考察进路 / 王琦著.一大连：东北财经大学出版社，2021.12

（高质量新就业研究丛书）

ISBN 978-7-5654-4404-3

Ⅰ. 数… Ⅱ. 王… Ⅲ. 电子商务-研究-中国 Ⅳ. F724.6

中国版本图书馆CIP数据核字（2021）第265405号

东北财经大学出版社出版发行

大连市黑石礁尖山街217号 邮政编码 116025

网 址：http://www.dufep.cn

读者信箱：dufep @ dufe.edu.cn

大连图腾彩色印刷有限公司印刷

幅面尺寸：170mm×250mm 字数：149千字 印张：11.75

2021年12月第1版 2021年12月第1次印刷

责任编辑：石真珍 责任校对：伊 人

封面设计：冀贵收 版式设计：原 皓

定价：42.00元

总　序

　　当前，以数字科技为代表的新一轮高新技术的蓬勃发展正深刻地影响并改变着我们的工作世界。2019 年，世界银行发布题为《工作性质的变革》（The Changing Nature of Work）的年度报告。报告指出，我们的工作世界正面临前所未有的技术挑战。数字技术不仅重塑了劳动力市场对工作技能的需求，更催生了大量颠覆传统生产与用工方式的平台型企业。而这一系列变革在带来新就业、新机遇的同时，也被视为加剧收入不平等、工作极化等社会问题的根源，不断挑战着各国政府维持经济可持续发展与国家长治久安的决心与能力。

　　中国正快速拥抱数字化，数字经济规模在 2019 年达到 35.8 万亿元，占 GDP 总量的 36.2%，位居世界前列。数字经济领域就业人数逾两亿，超过当年就业总人数的 1/5。在这样的背景下，如何立足"十四五"规划及 2035 年远景目标，从宏观战略层面理解数字技术与中国实现高质量就业目标的内在关联，如何立足数字经济与平台型企业发展本身，从中观乃至微观层面把握数字技术对中国当下及未来工作世界的影响，已然成为当前学术界与政策界热切关注且亟待研究的重要议题。

　　鉴于此，本丛书着重从以下四个方面回应上述议题：

　　第一，立足就业促进的宏观战略。《中国就业促进政策：评估与展望》一书在系统评估"十三五"期间我国实施促进就业政策总体效果的基础上，探讨"十四五"及以后全面落实就业优先战略、推动就业高质量发展的思路与举措。该书揭示了"十三五"期间，数字技术与数字经济的快速发展在"稳就业"中发挥的重要作用，同时也就"十四五"及以后，通过进一步规范平台用工行为、加强新业态就业人员劳动权益保障等措施，更好地发挥数字经济推动就业高质量发展的作用，提出了相应的政策建议。

第二，聚焦数字经济与新就业的内在关联。《数字经济：新动能与新就业》一书在全面梳理数字经济的内涵、特征及发展历程的基础上，揭示了数字经济与新就业之间的内在关联：以数字经济为代表的新动能的培育与壮大，有助于创造出更多新就业岗位，而新就业形态的良性发展也能更好地促进劳动力从传统产业向新技术产业的转移，从而加速新旧动能的接续转换。该书通过对发达国家培育新动能带动新就业先进经验和做法的研究，结合国内实践调研和理论分析，从政府部门、用人单位、新就业从业者三个主体和政治、经济、文化、社会四条主线出发，提出了关联实际、问题导向、操作可行的系统性政策建议。

第三，着眼数字平台工作发展的实践历程。《数字平台工作的动态演进：基于实践的考察进路》一书深入数字经济最为典型、对就业影响最为深远的平台型工作，围绕"平台型工作形态及劳动治理体制演进历程与影响因素""平台工作者群体特征及对工作组织转型的反应与应对""平台劳动治理效能及体制稳定性与可持续性评估"三个问题，深入探讨了工作"平台化"转型在中国的实质意涵，并最终解答了"中国平台型工作的产生和发展究竟代表着工作条件的升级还是危难工作的再生产？"这一困扰学界多时的重要问题。

第四，回归劳动力素质提升与高质量就业。数字技术对工作世界的影响早已势不可挡，不断提升劳动力的"数字"技能、强化优质人力资本积累，才是应对数字经济挑战、推进就业高质量发展的根本之道。《高质量发展与高素质劳动力：国际实践与中国选择》一书回归"人的能力"这一核心要素，在充分借鉴国内外劳动者素质提升经验的基础上，立足人力资本生命周期理论，阐释了在高质量发展与数字经济背景下提高劳动者综合素质、提升劳动者教育水平与技能水平的政策路径。

本丛书系中国人民大学科学研究基金重大规划项目"数字技术革命与

工作世界的未来"（编号：17XNLG06）的最终成果，受中国人民大学科学研究基金资助。同时，本丛书的部分内容继承了作者向国家发展和改革委员会就业司、中欧社会保障改革项目组等提交的《培育新动能带动新就业研究》《高质量发展与劳动力素质提升》《就业促进规划"十三五"评估与"十四五"建议》等研究报告的基本观点，在此向国家发展和改革委员会就业司及中欧社会保障改革项目组的各位领导、专家、同仁表示由衷的感谢！尽管恪守严谨规范的态度，但由于作者学术功底与专业理解的欠缺，本丛书必定还存在诸多不足之处，作者对此承担全部责任。本丛书的推出，得到了东北财经大学出版社的全力支持，特致谢忱！

中国人民大学劳动人事学院院长、教授　杨伟国

2021年6月

前　言

　　互联网平台改变了不少行业的生产组织形式或服务提供方式，催生出新的就业形态。近年来，选择网约车司机、平台送餐员、网红直播等新就业方式的人越来越多。2020年，我国有8 400多万人借助互联网平台参与就业。互联网平台就业已经成为城镇新增就业的主要组成部分。

　　从历史经验来看，生产组织方式的变化往往伴随着社会主体之间权力关系的变化，因此，互联网平台上的工作究竟代表着工作条件的升级还是危难工作（precarious work）的再生产，就成为人们争论的焦点问题。

　　不清楚事情发生的时序就无法理解事情发生的原因，更无法判断它的实质。本书遵循基于实践的考察进路，考察了交通出行行业"平台化"的发展过程和"网约车"工作的演进始末，试图回答"平台型工作场域内劳动者和资本方权力关系发生了什么变化"这一问题。具体而言，本书围绕以下几个问题展开讨论：第一，在中国，平台型工作从出现到趋于稳定是通过什么样的过程实现的？也就是说，经济、社会等方面的因素通过什么样的机制促成了这种工作以特定的表现形式形成？第二，在这个演进过程中，相关主体，尤其是平台公司和劳动者各自扮演了什么角色？他们之间的互动呈现出哪些特征？第三，劳动者的行为为什么会呈现出那样的特征，即工作组织方式转型的主体性基础是什么？本书对于权力关系的理解超越了狭义工作场所的劳资对抗层面，而是将之视为体现在一段关系和一个过程当中的场力结构。

　　从2016年6月开始，我作为中国人民大学劳动人事学院课题组的成员参与平台就业研究课题。在对网约车市场和网约车工作现象的实地调研中，网约车工作实践的复杂性和多样性引起了我的兴趣。完成课题后，我又采用随车访谈、加入司机微信群、从互联网和微信公众号上收集深度报道等方式收集材料，试图通过拼接这些信息碎片更好地还原工作"平台化"过程的原貌。这些材料构成了本书经验研究的基础。平台经济中的业态、工作方式多种多样，无论如何都不能认为网约车这一个案的情况能够代表平台型工作的全部。但是，我认为以"解剖麻雀"的方式进行个案研究对于理解当下的数字经济转型大有助益，因为从一个个案的发展历程中可以看出社会制度、平台型企业策略、劳动者策略和其他利益相关者策略如何互构交织，从而共同推动了工作方式的转变。

党的十九大报告指出，我国经济已由高速增长阶段向高质量发展阶段转变，高质量发展趋势将进一步延续。当前，新就业模式反映出市场自发的调整能力和创新能力，但是，新就业模式的和谐发展依赖于劳动关系治理制度的相应调整。互联网平台经济发展给社会生产带来的变化是多方面的。能否客观认识这些变化并采取与变化相适配的治理手段关系到一个经济体的可持续发展和社会的长治久安。我们已向"数字时代"大步行进，但"数字时代"给社会、经济带来的影响是深远和复杂的。本书试图通过对一个行业工作关系转变过程的细致考察，呈现出工作转型过程表现形式的复杂性和发展路径的或然性，以求增进读者对于平台经济发展和工作转型的理解。

本书是中国人民大学科学研究基金重大规划项目"数字技术革命与工作世界的未来"（编号：17XNLG06）的成果之一，受中国人民大学科学研究基金资助。尽管秉承严谨规范的态度，但由于作者学术功底与专业理解的欠缺，本书必定还存在诸多不足之处，祈望读者和学界同仁批评指正，共同促进高质量发展背景下劳动关系治理水平的提升。

王琦

2021 年 10 月

于广州天河

目　录

第1章

绪　论

1.1　问题的提出

雇佣是人类社会基本的生产组织形式之一。在有文字记载的历史中，雇佣劳动已存在了数千年。自工业革命之后，资本主义市场经济及劳动力市场逐渐形成，资本雇佣劳动逐渐成为经济社会中占主导地位的生产组织形式，雇佣工资成为绝大多数劳动者的主要收入来源。近年来，这个主流的生产组织形式呈现出变化的趋势，最典型的是依托于互联网平台的"平台型工作""零工工作""众包工作"不断出现在大众视野之内。根据学者卡茨（Lawrence Katz）和克鲁格（Alan Krueger）的调查，美国从事"替代性工作安排"（alternative work arrangements）①的人员占比自进入 21 世纪以来持续增加，从 2005 年的 10.7% 上升到 2015 年的 15.8%。由于零工工作者的工作记录并不连续，大部分西方国家未在现行的劳动力市场调查和家户调查中设计和零工就业直接相关的题目，因此我们缺少官方渠道的统计数据。但是，根据学者在亚马逊土耳其机器人网站（Amazon Mechanical Turk）上开展的问卷调查，约有1/4的受访者

---

① "替代性工作安排"指的是标准雇佣关系之外的就业方式，包括临时工、季节工、合同工、自雇等。参见：[1] KATZ L F, KRUEGER A B. The rise and nature of alternative work arrangements in the United States，1995-2015 [J]. ILR Review, 2019, 72（2）：382-416. [2] KATZ L F, KRUEGER A B. Understanding trends in alternative work arrangements in the United States [J]. RSF: The Russell Sage Foundation Journal of the Social Sciences, 2019, 5（5）：132-146.

有过在主职工作之外通过零工工作获取收入的记录。近年来，伴随着移动通信产品的普及，我国参与到互联网和平台经济的人数逐年攀升。平台经济衍生出诸多新服务、新产品、新工作方式，既丰富了人们的消费体验，也带动了经济和就业岗位的增长。在我国的统计体系中，数字平台工作被纳入"共享经济"的范畴进行统计与分析。据国家信息中心发布的《中国共享经济发展报告（2021）》，2020年，我国在互联网平台上提供服务的人数约为8 400万，同比增长7.7%，平台型就业已经成为城镇新增就业的重要来源。[①]

在工作"平台化"的过程中，劳方和资方的权力关系发生了什么变化，呈现出什么新特征，以及如何治理新的生产组织方式下的劳资关系？这是我感兴趣的议题。这些问题在西方已被广泛讨论，并产生了两种针锋相对的观点。其中，"控制论"的影响更广泛。它的核心观点是，在平台型工作中资方对劳动过程的控制更加容易也更为严格，资方控制着关键生产资料——信息和数据，使劳动对资本的隶属程度更深。讨论还延伸到了平台型资本对经济结构的影响。在《亚马逊反垄断悖论》一文中，现任美国联邦贸易委员会主席莉娜·汗（Lina Khan）对亚马逊公司的商业策略进行了分析，认为现行的反垄断法很难约束大型互联网平台公司的市场垄断行为，导致后者的市场力量（market power）迅速提升，对平台上的劳动者和其他商业主体的利益造成损害。

如果我们把平台型工作视作新的工作系统的话，大型互联网科技公司就是工作系统中的枢纽。传统意义上的雇主通过对工作场所之内劳动过程的控制来进行生产，而互联网平台的生产过程变得更加复杂了。尽管人们发现互联网平台收集了大量交易行为相关数据，并在这些数据的基础上通过设计算法影响交易过程和劳动过程来获利，但在一些情况

---

① 数据取自：国家信息中心.中国共享经济发展报告（2021）［EB/OL］.［2021-05-01］. http://www.sic.gov.cn/News/557/10779.htm.

下，互联网平台似乎扮演的是交易中介的角色，并没有介入到交易主体的业务当中，展现出更为复杂的商业模式。因而，越来越多的人开始反思数字经济模式的独特性和内部差异性。其中一种观点强调平台模式的包容性。例如，以萨丹拉彻（Arun Sundararajan）为代表的一部分经济学者认为，通过互联网平台来组织经济活动可以降低交易成本，提升经济效率，赋予劳动者更高的工作灵活性和自主性（Sundararajan，2016）。平台可以为社会底层的劳动者提供赚取额外收入的机会，有助于缓解收入不平等，并促进"工作-生活"的平衡（Fraiberger & Sundararajan，2015）。

上述两种观点针对"平台型工作是怎样一份工作"这一问题给出了不同的解答：一种强调平台型工作灵活、自由的一面，另一种认为平台型工作是资本控制劳动过程的升级版本。中国是世界范围内平台经济体量最大、发展最快的国家，同时，中国也有着与发达国家不同的政治经济体制和劳动力市场。如何解释和评价中国平台经济与平台型就业的快速发展是我感兴趣的议题。近年来，政府和社会各界针对平台型就业的态度经历了从乐观到担忧的过程。尤其是近两三年来，围绕着平台型就业劳动者权益的讨论迅速增加。2020 年 9 月 8 日，微信公众号"人物"发布了一篇题为《外卖骑手，困在系统里》的深度报道。短短一天之内，这篇文章的阅读量就达到了 300 多万，社会各界对平台用工所带来的社会问题的关注和对平台劳动者权益保护的呼吁空前。政府对此也有所表态。2021 年 7 月 16 日，人力资源和社会保障部等八部门共同印发《关于维护新就业形态劳动者劳动保障权益的指导意见》（人社部发〔2021〕56 号），规定"以出行、外卖、即时配送、同城货运等行业的平台企业为重点，组织开展平台灵活就业人员职业伤害保障试点"，这标志着平台灵活就业人员的劳动权益保护问题被提上了日程。但是，平台型就业模式多样、牵涉主体多，应给予劳动者多大程度的保障，以及以什么方式保障，都还没有定论。

本书暂不打算涉入对规范性问题的探讨，而是认为针对一项新生事物，应当先弄清楚它是什么以及它是如何发展而来的。因此，本书将工作的"平台化"过程作为研究对象，试图在还原工作"平台化"演进过程的基础上，回答平台经济中劳资之间的权力关系发生了什么变化这一问题。通过对我国出行市场"平台化"即"网约车"工作发展过程这一个案的考察，本书希望搞清楚，在平台经济中资本以什么方式对劳动构成影响，劳动以什么方式回应资本的影响，进而理解名为"平台资本主义"的这种新生产组织方式的内涵。

1.2 相关文献综述

生产方式的变化一直是一个经典的研究领域，古典经济学家对此多有著述。近几十年以来，随着资本主义生产方式从以"福特制"为代表的批量生产模式向以"后福特制"为代表的灵活积累模式过渡，尤其是数字经济和平台经济的兴起，对于生产方式及其蕴含的权力意涵的反思逐年增加。

其中，新古典经济理论将产业组织方式的变化处理为市场主体依照交易成本变化而进行理性选择的过程。以科斯、威廉姆森为代表的交易成本学派通过引入"交易成本"这一概念，以及修正对"经济理性人"的假设，解释不同制度安排和组织安排的发生，从而扩大了新古典经济分析方法的应用范围。交易成本理论认为，企业之间是选择市场化交易还是选择纵向一体化的方式组织经济活动取决于哪一种交易成本更低。依照这个逻辑，平台型工作的出现是因为数字技术改变了交易成本，使得通过互联网平台协调经济活动效率更高。这种解释看似有道理，实质上是"套套逻辑"，即将任何组织形式的变化都归结为"交易成本"发生了变化，但并没有清晰地解释"交易成本"具体包括什么内容，以及"交易成本"

机制是如何通过人们的行为来呈现的。本质上，新古典经济理论是以市场为中心的研究路径，将经济组织方式的变化视为一个以市场为基础的过程。

马克思看到了看似"平等交易"的市场制度之下不平等的一面。这种不平等根源于对物质生产资料占有的不平等。在马克思看来，市场交换与其说是一般意义上的福利最大化的机制，不如说是促进资本家进行资本原始积累的手段。工作组织方式调整被视为有目的地使用技术所导致的必然结果，因而必然是服务于资本积累的。马克思注意到了内在于资本积累过程中的劳动剥削问题。在平台经济的研究中，马克思的理论取向被充分地继承和发展，集中体现在承袭劳动过程理论传统的研究中。

还有学者的理论取向强调制度的作用。他们既不完全强调自律性的市场，也不强调阶级斗争，而是强调制度的延续性，即市场所根植的社会文化和制度环境决定了市场社会的运行形态。

对于平台型工作，学界主要是在上述第二种和第三种理论脉络下讨论的，分别是承袭马克思主义劳动过程理论传统的研究和制度主义的研究。本小节将分别介绍和评述。

1.2.1　承袭马克思主义劳动过程理论传统的研究

（1）劳动过程理论的发展脉络

马克思认为，相对于前资本主义社会，资本主义社会制度的核心在于积累方式的变化，以及资本积累在维持制度运行当中的核心地位。因此，弄清楚资本积累的机制，就可以解开资本主义制度运行和再生产的秘密，分析其内部的冲突性要素，以及推测可能阻碍其再生产的条件。马克思是在这个背景下涉入对资本主义劳动过程的研究的。在《资本论》第一卷中，马克思对劳动过程中涉及的基本概念和分析框架做出了阐述。马克思认为，资本主义制度的核心原则是资本的积累。资本积累来自对劳动剩余价值的剥削。在封建社会，提前决定的是表现为地租形式的剩余劳动；而在资本主义社会，预先确定的是工资。因此，资本家必须组织劳动过程，以此确保对剩余劳动的榨取。一切技术革新、管理方式革新都是为资本增殖而服务的。劳动过程控制的机制主要体现为"强制"控制。失去了基本生产资料的劳动者除了参与工厂工作换得工资之外不具有其他选择，因此被迫服从于资本家的控制。马克思认为，劳动过程是劳动者制造使用价值的有目的的活动，也是资本家消费劳动力的过程。通过对资本主义生产方式和劳动过程的分析，马克思阐述了劳动对资本的隶属、资本家对劳动者的剥削以及工人反抗和斗争的观点。

马克思本人并未就劳动过程中剩余价值获取的可能性和条件展开分析。这可能是由于马克思所考察的英格兰在工业资本主义初期的工厂的劳动过程特征过于典型了，以至于马克思未加批判地将它视为资本主义劳动过程的理想类型。后世学者布雷弗曼（Harry Braverman）发展了马克思的劳动过程分析，并作为"劳动过程理论"正式提出。布雷弗曼认为，在组织决定是维持其组织结构原状还是做出调整时，能否维持资本对劳动过程的控制是最主要的考虑因素。他将关注点放在"控制策略"上，将泰勒制、科学管理看作资本通过对劳动"去技能化"来加强劳动过程控制的表现（Braverman，1998）。劳动过程理论的第二次发展来自布洛维（Michael Burawoy）。在对芝加哥一家引擎工厂的民族志调查中，布洛维发现车间中并没有出现马克思和布雷弗曼所描写的"强制"和"专制"色彩浓厚的劳动管理体制。工人们都在奋力"超额"完成任务。借用葛兰西（Antonio Gramsci）对工人阶级革命的分析结论，即欧洲的工人阶级之所以革命失败是因为国家在公民社会中的霸权吸纳了社会的反抗意识，布洛维提出生产环节不仅是物质生产的场所，还是意识形态形成的场所，资本通过建构以激励制度为代表的内部劳动力市场、以工人代议制为代表的内部"国家"等方式，"制造"出工人对工作的主观认同，消解了其潜在的反抗动力。据此，布洛维提出，"专制体制"仅仅是劳动治理体制中的一种，除此之外还广泛存在主动建构工人"同意"的"霸权体制"。这种

"霸权体制"吸纳了工人的反抗意识，从而解释了为什么工人革命并没有如马克思所预言的那样爆发于资本主义社会中（Burawoy，1982）。

随着技术的发展、生产组织方式的变化，"福特制"逐步让位于更加灵活的生产组织形态。越来越多的研究转向了对现代生产组织方式的分析，探索在新的生产组织方式下资本获取剩余价值同时掩盖这一过程的秘密。例如，昆达（Kunda，1992）提出了"文化控制""身份控制"等概念来概括新的劳动控制策略。在服务行业劳动过程分析中，学者提出资本介入对工人交流方式和表情的控制，从中衍生出"情绪劳动"的概念（Hochschild，2012）；资本试图将自己的品牌渗入工人的日常穿着和行为规范当中，衍生出"美学工人"的概念（Warhurst & Nickson，2007；Witz，Warhurst & Nickson，2003）。从控制工人的"手"到控制他们的"心"，工人的日常生活被统合到生产过程之中，支持了资本主义制度的再生产。

（2）对平台劳动过程的研究

劳动过程理论为理解平台型工作的产生提供了理论基础。这是因为，尽管工作的组织方式、契约形态、指令媒介发生了变化，作为资本主义系统中的一个部分，平台经济应仍旧符合马克思笔下的资本积累逻辑。若要洞察这一逻辑，就需要聚焦平台型工作的劳动过程，考察剩余价值是如何被生产出来的，以及这一剥削过程是如何被隐藏起来从而实现其再生产的。

在针对数字平台工作的研究中，很大一部分文献沿用劳动过程理论视角展开了分析。尽管数字平台被贴上了诸多标签，如"分享经济平台""零工经济平台""按需工作平台"等，但这些学者认为，平台型工作本质上是资本获取剩余价值并掩盖剩余价值获取的过程，而这一切秘密都隐藏在它对劳动过程的控制当中。因此，通过分析平台型工作的劳动过程（具体表现为"资本如何控制劳动"以及"劳动者如何被异化"的过程），可以更加深刻地认识数字经济下资本和劳动的关系，进而可以洞察所谓数字资本主义、平台资本主义的实质。

这些研究提出，工作"迁移到"数字平台上伴随着劳动组织方式、主体之间契约关系、信息传递媒介等方面的变化。在对劳动过程的控制方式上，平台型工作呈现出了区别于传统雇佣工作的特征（Gandini，2019；吴清军和李贞，2018）。这些新型的劳动控制方式既包括技术层面的转变，又包括组织管理方式的转变。

在技术安排方面，包括：①制定倾向性的规则（Rosenblat & Stark，2016）。在规则设计中，刻意制造平台和劳动者之间的信息不对称，使劳动者在不知不觉中为平台的利益而服务（van Doorn，2017）。②设计算法。通过设计"不透明"的算法，以工人无法察觉的方式将其行为引导至为平台利益服务的方向，从而达到"算法控制"；不断收集、分析工人的工作数据并将其运用在算法迭代的过程中，从而不断加强对劳动过程的控制。

在组织安排方面，包括：①通过"标准化"工作任务，使得工人更容易被替代，加剧工人之间的竞争，压低工资水平（Beerepoot & Lambregts，2015；Huws，2016）；通过制造分散的工作地点和工作角色的差异性瓦解工人的集体行动能力（Collier et al.，2017；Newlands et al.，2018）。②通过控制权的重新分配，消费者取代了平台公司的管理控制角色，从而转移了工人和平台的劳资冲突，消解了劳动者潜在的反抗意愿（陈龙，2020）。这些分析强调，平台垄断了关键的生产资料——信息，因而在工作规则制定、工作过程控制、风险分配等方面占据支配性地位。

另一些研究更加关注工人的主体性，将"控制"看作工人发挥其主体性并积极参与其中的过程。有的研究沿用了布洛维的"霸权控制"概念，强调在单方面"强制控制"或"专制控制"之外，资本家在生产领域对工人的意识形态进行塑造。例如，有研究深入地描绘了工人如何在平台的页面设计、算法设计下将自己建构为"游戏者"的过程。研究指出，劳动者在参与平台"抢单游戏"的过程中，潜移默化地接受并认同了平台的规则，并自愿延长工作时间。还有一些研究认为，平台通过赋予劳动者对部分工作流程的"自主权"和"控制权"建构劳动者对工作的掌控感，从而使他们对工作整体上感到"满意"（Cameron，2019）。

1.2.2 制度主义的研究

相对于关注劳动过程控制方式的研究，一部分遵循制度主义传统的学者将视野拓展到狭义的劳动过程之外，讨论制度性因素对平台型工作形成、运转形态的影响。"制度"被赋予了广泛的内涵，不仅是以法规为代表的正式制度，还包括一系列非正式规则，如习俗、文化等。

制度主义者认为，应当在近40年来的工作非正规化趋势中看待平台经济和平台型工作的勃兴。事实上，平台上大部分的工作形态都可以在早期资本主义社会中找到原型。正是近几十年来亲资本的社会制度和劳工制度带来了用工方式的转变，触发了平台经济。这一脉络的研究提出，不同的制度设计带来了不同的经济运转方式，因此应当将平台型工作放在近40年来的工作非正规化趋势当中去理解（Kalleberg，2011；Standing，2011）。这几十年来，不论是劳动力市场状况、劳工的组织状况，还是政府的劳动关系治理制度，都具有浓重的自由主义底色。也就是说，它有利于资本一方，而不利于劳工维护自身权益。这种观点是很深刻的，它将新的工作组织模式看作已有趋势的继续，认为"平台化"本身并没有从根本上改变甚至还恶化了劳工的状况。

一些研究从历史的角度对平台型工作进行了考察，提出它是资本主义早期历史的重演。平台型工作呈现出来的一些特征，如按需工作、计件制、工人自己准备生产工具等都可以从资本主义发展早期的用工实践中找到原型（Gintis & Gintis，1976；Quinlan，2012；Valenduc & Vendramin，2016）。在当前某种特定的社会、经济、政治环境下，这一历史片段以另一种方式重现。例如，凡多伦研究了美国家政工作"平台化"的过程。他发现，之前家政服务业的种族、性别歧视，现在放到平台上也没有得到明显的改观，只不过换了一种控制模式重现（van Doorn，2017）。平台的成功恰恰在于其定位的模糊性，一方面通过制定规则和编写算法的方式控制工人，另一方面又在强调这是一种商业契约。近40年来的新自由主义造就了一系列的社会制度安排、行为习惯和话语，合法化了平台经济的运行。尽管一些平台试图改善性别和种族不平等状况，但在所处的社会环境的制约下，为了吸引风险资本获得生存，平台的美好主张往往并不能转化为现实。如果整体社会制度没有改变，靠平台型企业单方面的改变往往收效不大。弗兰冈考察了澳大利亚家政服务业的"平台化"过程。他认为，从历史角度来看，在线平台不过是换了一种用工控制方式而已，这一行业历来存在工作期限短和用工替代程度高的特征，这为零工工作平台模式的运转奠定了基础（Flanagan，2019）。拉赫曼和席琳提出，美国平台型企业和零工工作的迅速增长是由近40年来亲资本而不是促进资本和劳工的力量平衡的政治体制和制度安排导致的（Rahman & Thelen，2019）。

1.2.3 经验证据

这些研究深化了我们对于平台型工作的理解，也提出了新的问题。例如，工作自主和劳动控制是如何共存的？它们之间的关系是什么？倘若平台实施了隐形的强制控制，为什么工人在很长的一段时间内都没能察觉到这一点并进行反抗？倘若平台的控制是极度弱化了的，它又是如何维持其自身的商业运转的？

传统劳动过程理论是基于早期资本主义工业生产特点而提出的。在早期资本主义工业生产当中，机器的重要性相对高于劳动力投入。而在数字平台工作所在的现代服务业当中，劳动要素在生产过程中的重要程度大大提升了。自20世纪90年代开始，针对新兴行业劳动过程的民族志研究不断涌现。这些研究发现，工作场所内主体之间的关系并非如劳动过程理论所描述的那样简单，劳动者和管理层也并不一定是利益针锋相对的。在服务业，当顾客作为第三个主体进入生产关系当中，主体之间的利益关系就更加复杂了。这些研究认为，狭义的劳动过程理论可能会忽视企业施行"权力"的规范性限制，以及弱化工人改变、抵抗或者拒绝雇主主张的事实（Hodson，1995；Simpson，1989；Vallas，2003）。基于平台型工作劳动组织方式的特殊性，这一点尤其值得注意。一些研究对此进行了探索，发现在平台型工作中：

（1）劳动者群体具有显著的内部异质性

在平台型工作中，由于平台和劳动者不签订雇佣合同，且往往对于工作时间没有约定，因而平台上的劳动者在工作时间、工作动机方面具有较大差异。一些劳动者将从事平台型工作作为主要的收入来源；一些劳动者将其作为贴补家用的附加性收入来源；还有一些劳动者以"零工"的方式参与平台经济，他们更加在意平台所带来的社交感受、互助体验和自我价值实现等。

不同劳动者在对平台型工作的体验（包括收入、工作条件和总体评价）上具有很大差异。劳动者的体验往往因平台的不同而不同，同时受平台阶段性管理策略的影响，并且劳动者的体验也与他们对待这份工作的态度和对平台的经济依赖性高度相关（Schor，Attwood-Charles，Cansoy，Ladegaard，& Wengronowitz，2018）。那些对平台收入依赖性较弱的劳动者在工作甄选、决定工作时间和工作方式上有较大的选择空间，因此工作满意度往往比较高。劳动者所在地的劳动力市场状况也是重要的影响因素（Ravenelle，2016）。

（2）平台商业模式具有脆弱性

"信息"和"数据"是数字时代最为关键的生产资料。一些观点认为，平台的"市场中介"架构使其成为"信息"和"数据"的集散中心，因而平台自然而然地在价值创造过程中占据支配地位。但是，更多的研究揭示了平台型工作"嵌入于社会"（social embeddedness）的特征。平台并不是唯一的生产资料所有者。工人所掌握的特定信息、特定技能对于价值的实现非常重要。此外，平台这种组织模式比想象中的更加脆弱。平台的商业成功依赖于双边或者多边用户的联动反应，受制于同业平台的竞争。由于不具有雇佣契约关系，工人往往可以"多栖"（multi-homing）即在多个平台上工作。平台型企业在发展过程中，往往比传统企业遭遇更多的变数，行业内部的破产、整合、收购也比传统企业频繁得多。一些研究发现，部分平台采用了"亲劳动者"策略（Gray & Suri，2019），为劳动者创造了较好的工作体验。但是，正如奥斯特曼所指出的，由于数据采集的难度，研究者难以提供足够的经验证据证明这种策略行为是不是内生性的，从而难以识别工作条件的改善是否由劳工管理策略的变化所致（Osterman，2018）。不同企业采取平台这种组织模式背后的考虑有所不同，不同平台对自己的身份定位和身份认知也有所不同（Schor & Attwood-Charles，2017）。有的平台强调自己作为闲置资源共享者的身份，不从劳动过程控制中盈利；有的平台则清晰地将自己定位成劳务平台。即便是后者，它们的盈利模式也千差万别，一些平台并不意图从当期劳动过程控制中获取利润（Kenney & Zysman，2016）。

总的来说，在平台商业模式个体层面上的"脆弱"和整个"经济模式"的繁荣共存的悖论之后，我们可能需要超越狭义的劳动过程，重新回到对有关"数字资本主义"或"平台资本主义"积累体制的探讨。

（3）劳动者的反抗行动

尽管一些研究认为，数字平台中的劳动者是被拆散的从而失去了集体行动能力的工人，但另一些研究提供了数字技术为劳动者"赋权"的例证。例如，有研究注意到劳动者"自组织"的存在，关注了其运行状况（Lee，Kusbit，Metsky，et al.，2015；Schwartz，2018）。但是，对于自组织起到的作用，经验研究的观点并不一致，对此还缺乏一致的理论解释。施瓦茨（Schwartz，2018）考察了众包工作中自由职业者的在线社区的运行方式和作用，并把它称为"社会嵌入"；与想象不同，自由职业者并非原子化的个体，而是靠这种在线社区彼此联结；这种社区是劳动者潜在的对抗平台、为自身争取权益的渠道，但是大部分人只是把它作为积累经验的场所，想早日脱离这种就业状态，而并没有显露出在保持自己自由职业身份的同时争取权益的倾向。伍德等（Wood，Graham，Lehdonvirta，et al.，2019）用波兰尼的"嵌入"概念来理解平台上的自组织。平台型工作一方面表现为"脱嵌"，即劳动力的商品化；另一方面表现为"嵌入"，即劳动者之间的自组织。由于后一种"嵌入"在本质上是对社会制度和劳工保护制度的"脱嵌"，所以它在根本上无法扭转商品化"脱嵌"的事实。波兰尼提出的硬嵌入和软嵌入是相互对抗的，但这里的硬嵌入和软嵌入是彼此支持的，伍德等将自组织解读为一种"嵌入"是不是一种概念上的泛化？他们在最后也指出了，不能把这种"自组织"看作波兰尼式的嵌入，应当看到它局限性的一面，但是他们也注意到了具有反抗性质的工人自组织的形成。这个经验事实也暗示了，两种"嵌入"不是互相矛盾的，而是互相成就的。另外一些经验研究关注到平台工人的集体行动和反抗。在针对波士顿 Uber 司机的研究中，罗宾逊（Robinson，2018）详细描绘了机场周边的司机结成联盟、组织罢工的过程。肖尔茨（Scholz，2016）在一系列文章中讨论了"平台合作主义"实现的可能性。

1.2.4　对既有理论解释的评述

在上面所回顾的研究中，劳动过程理论脉络下的既有研究主要存在两方面缺陷。第一，过于局限于狭义的劳动过程分析。平台型组织不仅意味着新的劳动控制方式，还有新的商业模式和资本积累模式。大部分平台型企业具有"多边市场"属性，即成功地吸引双边或多边用户持续加入、产生交叉网络效应是平台产生商业价值的前提。因此，平台可能并非直接或持续地从对劳动过程的控制中获利。例如，一些平台依托于聚集起来的流量数据，通过贩卖广告位或其他数据产品而获取收益。而以上研究往往将考察视域局限在狭义工作场所和劳动过程之内，局限在平台和劳动者两个主体之间，并没有从更广泛的角度考察平台型组织的价值生产过程和平台型资本的增值过程。剥削色彩浓烈的叙事往往忽略了一些平台为劳动者持续提供优厚补贴和较好工作条件的事实。第二，忽略了对数字技术本身的分析。这种视角在处理"数字技术"时，很容易将其与资本家的意志进行过于紧密的联系，从而将"数字技术""算法"看作资本家施加劳动过程控制的手段，将"技术"看作资本家意志的延伸，从而忽略了"技术"在使用过程当中的物质性因素和工作演进的或然性特征。

马克思所关注的是资本主义的内部矛盾和再生产，但是一些研究将这一命题收缩成工厂、平台围墙之内的劳动剥削关系，从而带有功利性或工具性地使用劳动过程理论资源。正如上文所提到的，平台劳动过程具有更多的或然性成分，但带有功能主义色彩的"强剥削叙事"的研究并没有对这些现象给出较好的解释。本书并非否定批判视角的立场，而是批判这种将考察者的视域局限在狭义的劳动过程之内的做法，因为这会忽视掉更广范围内的国家、新型资本及其他社会主体对工作的塑造作用。如若在一开始就针对资本和劳动的关系做过多的假定，就会将整个考察压缩为从"起点"跳到"终点"的论证，妨碍对过程中主体互动关系的深入观察。这也容易导致"意图"和"实际效果"的混淆，过分夸大资本一方的支配性地位。不可否认，平台和劳动者的利益诉求是不一致的，前者也一直在寻求控制后者的手段，但在这个更为松散和灵活的工作体系中，多方主体的互动过程存在着更多的或然性成分。马克思认为，一切资本剥削的秘密都体现在劳动过程当中。当下诸多对"算法控制"的分析正是对马克思这一论述在新的工作场景下的应用。但是，这些分析往往割裂地对待劳动过程，忽略了劳动过程所处的社会条件和制度背景。事实上，我们也可以看出，在平台型工作场景中，工人的反抗微乎其微，并且，这种工作模式在以惊人的速度扩张。那么，我们应当做的或许不是有关这种工作形式的"剥削叙事",而是解释为什么它以一种极为稳定的状态持续着,这种稳定的状态意味着什么。也许,这才是更加值得讨论的问题。

制度主义理论脉络下的研究强调制度对主体行为的影响尤其是制度对主体行为的限制作用。这部分研究沿袭资本主义多样性理论的脉络,用制度的多样性来解释平台经济和平台型工作运行方式的多样性。但是,这部分研究往往不注重讨论行动者的行为对工作系统的作用,不注重讨论制度是如何通过主体的行为不断被再生产出来的。这种观点认为,不论是平台型企业还是劳动者个人,都无法对整体制度的运行起到决定性作用,应当从结构性关系的角度来解释工作组织的改变。结构主义建立在对主体性的某种忽略之上,要成为一个理论闭环,这一派的研究必须充分说明制度是如何影响行为的,以及制度的变迁是如何发生的。但是,它没有论证对主体性这样的假设是否合理。如果合理,它的基础是什么?实际上,我们也看到了很多反抗的行为,如何在这个框架下解释?它缺少相关的理论建构。这部分文献大都没有在行文中为行动的主体留出位置(Vallas & Pren-er,2012)。它也同样无法解释主体的反抗行为,以及平台型工作结构呈现出来的复杂性和多样性。通过这部分研究,我们得以注意到用工方式和经济组织方式"路径依赖"的特征。但是,由于这些文献往往偏重宏观分析,对于微观世界的主体互动鲜有把握,我们已经无从知晓在制度"沿袭"现象的背后,它是通过怎样的机制被生产和再生产出来的,为什么它呈现出了惊人的稳定性。

在这样的背景下,本书主要讨论以下几个问题:第一,以互联网平台为核心的生产和服务组织方式是怎样的,劳方、资方之间的关系发生了怎样的变化?这是个探索性问题。对于一个刚兴起不久的现象,最好的研究方式就是先弄清楚它究竟是什么。第二,在对事物发展过程进行细致考察的基础之上,试图探讨这些变化是由什么因素所推动的。第三,工作和组织方式的转变究竟意味着工作条件的升级还是危难工作（precarious[①]work）的再生产？这是本书的核心关切。

1.3　本书采用的认识论主张

在新的工作设定（表现为工作关系参与主体、契约安排、工作流程等方面）下，本书认为应当避免采用决定论的视角，即强调某种超越个人行动之外的规定性。它容易带来以下几个问题：第一，预设了平台组织下的工作就是某种想象的模式，例如"平台-个体劳动者"模式，从而可能夸大组织方式的改变程度；第二，没有将平台型企业的商业策略作为变量纳入到理论框架当中，从而忽略平台型企业在盈利模式、商业策略上与传统企业的区别；第三，忽略平台型工作的动态演进过程，导致对于权力关系的理解受限：容易将"权力"理解为某一主体所有，忽视工作演进过程中的权力对抗过程。本书认为，平台型工作模式是一个相对开放的系统，雇佣关系下的某些假设不应被不加批判地移用到平台型工作的情境当中，应当避免在分析的开始就设定过多的假定，而忽视各个主体之间的互动过程。

[①]　"precarious"是"precariousness"的形容词形式。"precariousness"这个术语的出现可以追溯到中世纪晚期。第二次世界大战之后，在关于欧洲国家就业和福利议题的讨论中，这个术语被频繁地使用（Betti, 2018）。2011年，英国学者盖伊·斯坦丁出版了《不稳定无产者：一个新的危险阶级》（The Precariat: The New Dangerous Class）这本著作。此后，"precariousness"常用于描述灵活就业、平台就业、非正规就业的工作状况。关于 precariousness，国内尚没有统一的译法，有文献将其译为"不稳定性"，但是在英文中，"precariousness"所指代的是就业机会不稳定、就业条件差、缺乏培训机会和晋升空间、缺乏集体协商条件的工作状态，比单纯的"不稳定性"含义更加丰富。黄宗智先生将"precariousness"译为"危难"，因为"危"与"难"足可表达斯坦丁书中"dangerous class"和"precarity"的用意（黄宗智，2017）。本书认同这种解释，并借用黄宗智先生的译法，将"precarious work"译为"危难工作"。具体内容可参考：[1] BETTI E. Historicizing precarious work: Forty years of research in the social sciences and humanities [J]. International Review of Social History, 2018,63（2）：273-319. [2] 黄宗智. 中国的非正规经济再思考：一个来自社会经济史与法律史视角的导论 [J]. 开放时代，2017（2）：153-163.

这里有必要澄清本书的认识论主张。如果我们把社会事实（或社会真实，英文为 social reality）理解为超乎个人行为的、不依个体实践改变而改变的、客观的存在物，则分析的笔触会聚焦于结构性、集体性力量。结构功能主义就是这种视角的典型代表。这种视角强调结构性因素对个体行为的约束作用，个体的能动性难以对整体产生显著影响。另一种观点则认为，社会真实在本质上是通过个体的行为所建构出来的。这种观点将人的能动性放在首要位置，因此被称作"主观主义"视角。在社会科学领域，很难得出如自然科学中的单向作用的、可以普遍推广的定理，因为社会生活中的主体——人——是能动的、有反思能力的。他受既有制度、规则影响，但这种制度和规则又不具有决定性力量。行为主体在为自身利益而行动的过程中，不断根据其对所处情境的认识，在实践中创造出新的规则和结构。

为了把握人类行动的这一特质，吉登斯（Giddens，1984）对"结构"这一概念进行了重新定义。他把"结构"定义为一系列规则和资源，这些规则和资源既是主体行动的中介，又时刻被主体的实践所生成。他把"结构"的这一特性称作"结构的二重性"。本书借用吉登斯的"结构"概念。重新诠释已有概念的目的在于支撑新的认识论下的叙事，以达到对研究对象演进过程的深入描绘。在以往的研究中，我们或是以某种结构特征假设作为分析出发点（例如功能主义的"功能叙事、进化叙事"或新古典经济学的"效率叙事"），或是以归纳出某种结构性原则作为研究的目标（例如结构社会学倾向的研究），这两种理论视角都表现出忽视主体的倾向。通过对"结构"这一概念的重新诠释，我们得以将分析的起点和归宿都带回到实践中来。

这对于研究社会转型、制度变迁议题来说尤为重要。当我们以这种视角来看待工作组织形式的演进时，关注的重心就发生了变化，即不再是从静态的角度关注"平台型工作的工作结构是怎样的"，而是在一个时序中立足于主体实践来考察"这份工作是怎样形成的和怎样演进的"，以及

"相应的工作条件又是如何产生的"。这种视角有助于我们扩大考察的视域，识别结构变化过程中的一系列"主观""客观"因素，以及两方面因素的交织过程。它避免了在研究的一开始就进行概念化的缩减，从而有助于理解已有的平台型工作在工作结构和工作条件方面的异质性，促进对新现象的理解。本书采取个案研究的方法，重点在于追溯一个平台型工作在时间序列上的演进过程，而不是在横截面层次收集足够多的差异性样本。因此，以实证的方式来解释平台在工作条件上的差异性不是本书的主要工作。本书的重点是通过"深描"来展现不同主体之间的作用过程，揭示工作演进过程所蕴含的机制，从而寻求理论上的概化（theoretical generalization）。

　　本书主张以主体的具体实践作为考察的出发点。用黄宗智（2015）的话说，就是"从经验证据到理论再返回到经验的认知进路，并同样尽可能摆脱意识形态，采用多种理论资源，目的是最好地认识中国实际，而不是建构普适理论"。他主张寻找一个调和主观主义和客观主义的认识论路径。为此，他使用了一些新的概念或对已有概念进行了重新诠释。在布迪厄（Pierre Bourdieu）那里，是"象征资本""惯习""场域"等概念；在吉登斯这里，则是对"结构"的二重性诠释，以支撑其新的认识论主张。

　　本书采用新的理论视角并非追求标新立异，企图用理论剪裁现实，而是理论工具的选择本身已经建立在我对经验材料的初步把握基础之上。在调研过程中，我观察到平台型工作在组织上灵活多变，具有线上和线下治理方式共存的特征，并且平台型企业的策略也难以完全符合产业经济学理论对其"交易中介""多边市场"的定位，而采用传统的主体中心哲学叙事更难以充分把握这一鲜活现象。实践理论并非新近的发明，在20世纪六七十年代，社会学家就采用过程性视角来考察个人与社会的关系，采用这一框架理解制度的稳定性以及制度变迁现象。吉登斯的结构化理论、布迪厄的实践理论都可以归于这一范畴之内。它们一反过去从理论前提出发的认识方法，主张从认识实践出发，强调结构与能动主体相互且持续建构的过程。此后，这一理论框架被广泛引入组织理论和管理学研究之中（Pettigrew，1987；Ranson，Hinings & Greenwood，1980；Willmott，1987）。这部分研究采用民族志调查、个案研究等质性方法，追溯在一段时间内组织内部各主体互动以及组织变迁的过程，成为组织理论诞生的肥沃土壤。但是，这个视角较少被应用于劳动关系研究领域。我认为其主要原因在于劳动关系学科诞生于工业生产组织模式和雇佣关系的制度框架之内，已经形成了一套讨论雇主雇员关系的概念范畴和理论体系，也形成了基于标准雇佣关系的劳动关系治理框架。这些范畴和理论能够有效解释基于雇佣制度的传统工作关系，但对于理解以平台型就业为主的非雇佣就业模式而言参考意义有限，因为后者在工作参与主体、缔约模式上都与传统的工作设定不同。因此，本书试图采用实践理论的"透镜"对平台型工作的形成过程进行考察。

另外，本书也在理论化"技术"的路径上做出新的尝试。在本书的案例中，平台公司根据行业形势、政府政策、风险资本、劳动者等多方的反应在不断地调整软件、算法和工作流程，因此这种"数字技术"并没有一个固定的物理形态和属性特征，而是不断变化着、生成着的。吉登斯在其理论中并没有针对"技术"进行讨论，但他的结构化理论被广泛运用在技术研究领域当中。学者们在实践理论的理路内提出了多种"理论化"技术的模式。以拉图尔（Bruno Latour）为代表的后人类主义的贡献在于提出将"人"和"非人的技术/物"的"施动性"（agency）统一到实践、关系的层面来理解。奥利科夫斯基和斯科特（Orlikowski & Scott，2008）将这种主张引入对技术和组织理论的研究中，提出了"社会物质性实践"（sociomaterial practice）的考察视角。这种视角认为，没有哪些人类实践是脱离了"物质"（material）而独立存在的，应当考察"物质"如何与人的认知、行为互动，从而对最后的结果产生影响。进一步，当把主体的实践置于本体论上的优先地位时，我们会发现"人"和"物"在本体论层面上难以区分，技术并非显示出对应于某个实体的一系列相对固定的特性，而是在不同的目的性行动下呈现出不同的物质性。

因此，在一开始就遵循技术决定论或社会决定论的主张是无法让人满意的，而是需要了解个体层面的能动性，以及主观、客观因素的交织过程，遵循面向事实、关注变化的研究路径。吉登斯的结构化理论（实践理论）就是调和结构与能动性二元论的很好尝试。这意味着要以实践作为分析的出发点，而不是先做有关于行为的某种理论预设。一方面，实践在创造结构（规则和资源）；另一方面，实践又不是全然自由的，而是发生在某一情境中，这个情境中已经形成的规则和资源决定着实践方式和实践结果。在本书的案例中，一方面，工作规则、技术、算法是平台型企业所创造出来的；另一方面，这些规则能否实现、如何实现又依赖于劳动者的工作实践。劳动者并非一般意义上的劳动者，而是处于某个制度情境中的主体。这种情境既包括平台所创造的工作情境、社群氛围，也被已有的政策、社会制度、文化习俗以及个人的过往经历所附着。结构化理论很好地处理了结构和施动之间的关系问题，因此，本书认为这个理论视角有助于深入观察正在发生、变化着的现象。

1.4　本书的主要观点

本书采用基于实践的考察进路来考察平台型工作现象。在这个理论视角下，工作结构被概念化为一个过程而不是一个实体，技术被视作体现在社会互动过程中的物质性因素而不是一个客观的物理存在。相应地，本书将权力关系理解为一个场力结构，而不是一个确定主体施加的作用力。

马克思将权力关系视作和社会生产方式密切联系的概念。在前工业社会，劳动者对于资本的隶属性较弱，因为在生产过程中工匠的技能更加重要。在工业时代，大机器的运用是个分水岭，尤其是在标准化的大批量工业生产中,工人的技能相对于机器越来越不重要。进入到数字时代,在生产过程中劳动和资本的相对重要性的变化更加频繁。本书认为,平台上的劳动者与平台型企业的关系并不是遵循某种固定的模式,而是随着产品市场和劳动力市场条件、制度环境、主体策略的变化而不断变化的。正因如此,本书并没有采取马克思的权力观,而是认为福柯的权力观更有助于理解工作方式转型的内涵。本书认为权力并不是某个主体对另一个主体的作用力,而是体现在一段关系和一个过程当中的场力结构。

通过对网约车市场"平台化"过程以及P平台上劳资关系演变过程的考察,本书认为,劳方和资方在互动方式、力量对比等方面总是快速变化是平台型工作关系的核心特征。这种变化具体表现在以下几个方面:第一,劳动关系和商业关系的边界变得模糊了。一般来说,在商业关系中,资方没有为劳动者提供工作条件和劳动保护的责任,劳动者也不对资方做出承诺;在劳动关系中,劳方对资方形成了经济上的从属和人格上的从属。平台型工作并不必然代表着从"劳动关系"转变为"商业关系",而是根据业务的不同、劳动力市场和产业市场的变化、政府规制的不同表现出多种形态。第二,工作场所内的组织管理和社会范围内的劳工自治同时存在,共同作为调节平台型工作关系的手段。第三,技术的影响取决于制度和主体的实践。技术影响着博弈主体的选择集合,但是博弈结果取决于双方的策略。不论是制度还是技术本身,都不具备决定性。既有可能出现劳资合作,也有可能出现劳资对抗,出现哪一种情况依赖于劳动者和资方(平台方)的博弈力量对比。当劳动者的技能和劳动投入更重要时,更容易出现劳资合作;反之,则更容易出现劳资对抗。

通过对P平台演进的四个阶段中劳资关系的经验性考察,本书发现,在运行方式上,中国网约车工作并没有表现出"零工工作"的图景,而是呈现出平台经济"产业化"和平台型工作"职业化"的趋势。具体地说,"产业化"是指某种产业在市场经济条件下,以行业需求为导向,以实现效益为目标,依靠专业服务和质量管理形成的系列化和品牌化的经营方式和组织形式。"职业化"指的是和内部劳动力市场管理相类似的一系列制度安排。

平台经济的权力关系真相隐藏在不断变化的表象之下。对于"市场"和"效率"文化的迷恋很可能使得资方和劳方陷入一种表面上"自由选择"而实质上"无从选择"的、被市场经济霸权话语所规训的境地中。在劳动者权益保护安排缺位和社会性的人力资本发展支持不足的情况下,劳动者对灵活就业依赖性的增强将使他们被迫面对更大的社会风险。据此,本书认为,当下中国平台型工作的"职业化"仍是非正规就业模式的复制而非工作条件的升级。

1.5　本书的结构安排

本书内容分为7章。第1章是绪论,介绍本书的选题背景,提出研究问题,在批判性回顾已有研究的基础上,对本书的理论视角和经验研究的主要结论进行概述。第2章旨在从元理论层面阐明本书叙事中所使用的概念以及它们的含义,阐明本书所主张的认识论路径,提出本书经验叙事所依照的概念框架。第3章到第5章是经验研究部分。第3章描述和分析出行市场"平台化"的过程。第4章分四个阶段深入描绘P网约车平台进入出行市场和此后逐步演进的动态过程。第5章从网约车司机主体性角度切入,以微观视角讨论平台型工作演进的主体性基础。第6章基于前3章的经验分析,尝试归纳平台型工作的特征和演进的动力机制。该章也讨论了平台型工作结构化过程的物质性因素和或然性特征。尽管本书是围绕"网约车"这一个案来展开分析的,但由于不同平台型工作在组织方式、商业策略、劳动者群体构成方面有较多相似之处,本书的分析结论对于理解其他平台型工作条件的生成和演进过程具有借鉴意义,对于判断中国平台型工作的本质具有启发价值。第7章是全书总结、讨论和政策建议。

第2章
基于实践的考察进路

客体主义者往往强调社会结构的决定性作用。"结构"被认为是既有的、决定了社会行动的、坚固的社会现实，或基础性的、不可改变的逻辑。社会行为、制度的具体特征，或者特定的信仰和观点虽然形形色色，但这些差异都被视为受到基本结构的有效形塑或规制。

既有经验研究揭示了平台型工作和传统雇佣模式的诸多不同，尤其是劳动者的能动性对平台策略选择进而对工作组织方式的影响，但往往没有进入到客体主义者的讨论范畴之内，因而总是作为一种"例外状况"而存在着。

若要解决这一问题，需要在概念工具中加入人类行为的主动性和反思性特征，这是近代以来不少社会学理论流派的主张（Giddens，1984）。那么，如何把人类行为的反思性和主动性带进来又不至于陷入"主观主义"？我们认为，最重要的是提出新的概念或对已有的关键概念进行重新定义。例如，布迪厄理论中的"习性"（或译为"惯习"，英文为habitus）、"场域"（field）等。吉登斯的结构化理论，则是通过对"结构"这一概念的重新定义而实现的。发明一套"词汇""语言"对于基于实践理论的叙事而言是非常重要的，也是最困难的（Feldman & Orlikowski，2011）。没有这方面的突破，研究者就会缺乏叙事的工具，从而无法较好地在研究当中承载实践理论的认识论主张，无法得出理想的经验观察成果。在叙事方面，需要由"以变量为中心"转换到"以事件的发展过程为中心"。叙事即"讲故事"对于社会学研究的重要性无须赘述。好的叙事需要展现出事物的复杂性和深层逻辑。但是，在具体研究当中，叙事似乎陷入了"原则上"重要但"实践上"边缘的困境（刘子曦，2018）。本书认为，之所以未能发展出绵密的叙事，在某种程度上是因为将已有概念或范畴"实体化"了。赫希曼（Daniel Hirschman）等提出了两个方面的原因，即固定实体假设（fixed entities assumption）和规则性假设（regularity assumption）。前者是指忽略实体本身是历史过程的产物，其内容、范畴以及特征都在变动。后者是指事先预设了世界按规则运转，对象和结果之间的关系只是这种抽象规则在不同层次上的演绎，继而不恰当地排除了偶发事件、路径依赖、组合过程对世界的形塑。当没能承认或注意到这两个假设的存在时，叙事就属于"力向因果"（forcing-cause）类型。与之相对，赫希曼提倡"构型故事"（formation stories）类型的叙事，认为要"解释社会存在（social things）如何长成了足够稳定的'对象'或'结果'（to force or be forced），即因果解释要揭示某一社会存在得以形成的历史过程"（Hirschman & Reed，2014）。

在进入到具体叙事之前，有必要澄清本书所使用的概念及其含义，这是本章的目的所在。本章 2.1 部分重点就吉登斯的结构化理论进行评述，因为吉登斯的理论可以被视为"实践理论"这个庞大范畴下的典型代表。本书也正是借用其独特的"结构"概念来辅助经验叙事的。2.2 部分借鉴福柯的权力理论，讨论从过程视角进行权力关系分析的路径。当前有关数字工作的理论，往往对"数字技术"本身疏于分析。在西方，"科学、技术、社会（science，technology and society，STS）研究"已经成为一个学派，但对于"物质性"的探讨因为其抽象性常常无法受到主流社会学学者的关注。在这个领域，国内的相关研究仍旧处于理论介绍和引进阶段（邱泽奇，2017）。因此，2.3 部分用较大篇幅讨论在实践理论中分析"技术"的理论路径。2.4部分在对客体主义思想进行批判性回顾的基础上，提出本书考察数字平台工作的叙事框架。再次重申，本书的目的不是从经验层面证实或证伪某个局部命题，而是尝试从新的理论视角来考察正在生成的现象。这也是为什么本章的重点没有放在与平台型组织这一主题直接相关的文献上。本书尝试遵循"基于实践的"（practice-based）考察进路。在方法论方面，我持有多元和包容的观点，即认为每一种方法和视角都有其解释效力，只是适用于不同的场景。对于平台型工作而言，就是要认清这种现象的特征，进而反思不同理论视角的假设的适用性，进而选择合适的理论视角来考察它。

我们必须重新反思结构、行动的概念和它们之间的关系，之所以重新提出这个议题，是因为数字技术和平台型工作组织模式的特殊性。数字技术与传统的机械设备、生产线不同，它是基于计算机语言的技术，并且包括算法、软件页面等多种表现形式。甚至，我们很难为数字技术设定一个外延去规定它究竟是什么，以及它的边界究竟在哪里。对于某一个管理目的，它往往可以提供多种实现途径。在对主体的行为影响方面，数字技术有可能高度介入，从而对行为起到明显的规范作用，也可能在行为中表现出另外一种无法预见到的、例外的特征。正是由于这种"技术"极富柔性，它很容易被看作管理者意志的延伸，这是对数字技术的一种不可取的简约化处理方式。平台的组织结构也存在着特殊性。这突出地表现为它是开放和灵活的工作系统。以往衡量组织结构（如管理层级、管理幅度）的指标在这里失效了，它遵循了另一种运行模式和制度模式。因此，在研究这个现象时，第一个困难就在于如何概念化我们的研究对象。

2.1 从结构主义到实践理论

一般认为，结构主义起源于索绪尔（Ferdinand de Saussure）的结构语言学。这种理论认为，符号是任意的，某一符号与一个对象的连接完全是出于习惯的约定，事实上，这样的约定只是任意的，对不同的语言来说，不具有任何约束性。用索绪尔的专业语言来说，以上的分析适合于能指（词的音响和形状）与所指（能指所表示的对象或概念）之间的关系。换句话说，词并不指向实在的对象本身，而只是具有意义。词义是由符号之间的排列或者形状的差异所决定的。语言符号在本质上具有任意性，它们从差异中构建的事实是索绪尔试图将语言视作一个"系统"的关键理念。因此，形式、结构赋予语言、符号以身份和社会意义（可用于社会交流），单个符号不重要，人们在把握符号的时候暗含着一套约定的规则，通过这套规则，符号以某种秩序被组合起来，从而产生其社会属性（社会身份，可以用于社会交流）。随后，列维-施特劳斯（Laude Levi-Strauss）在其人类学研究中发展了索绪尔的"结构主义"观点，尽管索绪尔本人并没有提出"结构主义"这个概念。在对亲缘关系的考察中，列维-施特劳斯讨论了亲缘结构中的不变性："我们把亲缘的基本结构理解为一些系统……这些系统规定婚姻具有某种姻缘关系类型，或者如果人们愿意的话，可以说，在这里这些系统区别了两种范畴：可能的夫妻关系与不可能的夫妻关系，从而也就完全确定了亲缘家族的成员。"他把亲缘关系理解为谱系之间一系列"应当允许的"和"应当被禁止的"规则，这些结构规则就像一个等待被破译的"密码图示"，社会秩序从中诞生。①

----

① 这里对"结构主义"的评介参考了尚杰关于"结构主义"和"后结构主义"的论述。参见：[1] 尚杰.从结构主义到后结构主义（上）[J]. 世界哲学,2004（3）：48-60. [2] 尚杰.从结构主义到后结构主义（下）[J]. 世界哲学,2004（4）：59-81.

吉登斯认为，这些观点不符合真实世界中的主体行动逻辑；不能认为人就是渺小、无知的被动行动者，如果仔细观察，就会发现人类主体在不断学习，不断根据上一阶段行为的效果来调整自己下一阶段的行为，并对整体系统产生影响。因此，客体主义对于主体性的忽略是吉登斯批判的核心。吉登斯对"施动"（agency）概念进行重塑。他将施动分为三层，分别是"无意识的动机/认知"、"实践意识"和"话语意识"（也就是可以说清楚的动机）。他认为，以功能主义和结构主义为代表的客体主义将主体看作被结构支配的无能动力量的行动者，忽略了人具有反思性的事实。人的行为的发生往往包含了冲动、无理性以及一系列偶发因素。但是，主体的行动并非全然毫无章法，其受当时当地的具体情境影响，可能是依据具体条件算计的结果，可能是对某种行为习惯的无意识复制，但在全局范围来看不一定是符合理性原则的。他认为，主体的能动性不能用某种规定性原则（如工具理性原则）去把握，也不能用某种结构性规定去理解，相反，主体的能动性能且只能通过主体的实践揭示出来。在这个层面上，吉登斯认为，有必要把主体的实践及其附带的"实践意识"放在本体论层面上的优先位置去分析和考虑。

　　吉登斯的重点是强调主体的施动，但他也提到"施动"不意味着纯粹的自由，而是受制于一系列的规则和资源，他把这定义为"结构"。与客体主义单纯强调客观的"结构"对主体行为的制约作用不同，吉登斯认为"结构"并非外在于人类行为的、超验的、对人类行为具有规定性作用的实体，它既是行动的中介，又是行动的结果。"行动的中介"指的是，"结构"是行为所凭借的规则与资源；"行动的结果"是指，"结构"时刻处于被主体的行动创生（enact）着的过程中。吉登斯将"结构"的这个特性称为"结构的二重性"。在吉登斯重构的"结构"概念中，"规则"和"资源"是较难理解的部分。休厄尔（William Whewell）认为，"规则"是内化于主体行为之中的"图式"（自身的理解方式）。主体通过运用这种"图式"建构着具备物质性的"资源"；同时，被建构的具备物质性的"资源"

也在反复强化着"图式"。"规则"和"资源"总是相互建构着，推动"结构"的再生产或"结构"的变迁。因此，对于我们常说的"结构"对行为的约束作用，不应当从"结构"的客观性和决定性角度来理解，而是要根据"规则"和"资源"的纵深性和权力性来理解（Sewell，1992）。休厄尔对"结构"这一概念的修正将在第6章中详细讨论。

通过对"结构"概念的重新诠释，我们得以将观察的目光转移到主体行为发生背后他的"解读方式"和"物质条件"方面，并且可以从这些体现出一定结构性特征的因素入手来理解主体行为的差异和变迁。

一般的观点认为，吉登斯强调主体、强调施动，这和传统的主体哲学即笛卡尔（René Descartes）的"我思"有什么区别呢？本书在这里做出几点说明：

第一，本书认为，问题的关键在于理解结构化理论中的"实践意识"。对于能动性的重新考察是结构化理论的重点。吉登斯将"实践意识"（practical consciousness）定义为，"行动者关于社会条件，尤其是自身行动的社会条件，所知晓（相信）但无法以话语形式表述的那些东西"。这意味着它既区别于结构主义对"主体/个体"的忽略，也没有用某种有关行为的规定性原则为主体做注脚。在实践理论中，恰恰是把实践与人的主体性分开，使实践与人的意图保持距离。这是因为人的意图虽然是自由的，但在实践层面会受规则、资源、对方的实践、自身的无意识动作以及一系列物质性因素的影响，而呈现出某种意料之外的属性。通过引入"实践意识"，就可以在理论框架中为行为的不确定性、非理性预留位置。

第二，上文提到，吉登斯批判结构主义不注意行为主体的施动，结构化理论中的"施动"也并非传统意义上的主体性。用吉登斯的话说，它是"没有事先设计好的感情冲突，失去了精神指导的行为动作，如此等等"（Giddens，1979）。吉登斯所强调的这种能动性体现为一种"实践意识"，它包含任意性、不可预测的成分。如果说结构主义的分析目标是洞察出发挥作用的"结构"，破译出主导现象运行方式的密码，吉登斯则从根本上否定了这种"结构密码"存在的可能性，或者说，他通过将"实践"置于本体论上的优先位置为"反结构"的可能性预留了一个出口。它把过程置于首要位置来考察，而否定归纳出任何通用性、客观决定因素的可能。吉登斯认为，实践理论的意义不在于归纳出某种通用的结构性因素，而在于归纳出某种可为其他类似现象带来启示的运行模式，比如主体层和结构层之间的互动模式和互构机制。如果要说结构化理论、实践理论的根本价值是什么，本书认为，首先它将"社会行动"的本有之义融塑到社会理论之中，从而拓展了研究者在观察社会现象时的视域。它主张回到实践，从对某种规定性的"结构"的追求回归到了对实际发生着的整个过程的观察，将实践作为考察的起点和核心，而不去做任何结构性因素或结构关系的预设或以破译这种"结构密码"为目的。在某种程度上，实践理论持有"实践就是事实"（practice as reality）的主张，主体实践和主体之间的互动持续地建构着社会事实。其次，它意味着一种新的理论建构指向。它反对基于先验的行为预设、概念界定的抽象逻辑演绎，而是侧重对行为主体的观念、实践的具体考察，是一种支持"复杂性"或者说是主张还原社会事实"复杂性"的理论建构工具。

批评者认为结构化理论实际上没有建构任何意义上的理论，而只是对过程进行纯粹经验层面的描绘。这里有必要澄清本书对"社会理论"的理解。在讨论"理论是什么"这个问题之前，需要讨论的是在社会科学当中，什么样的"理论"是可能和可期的。本书同意吉登斯的观点，即在社会科学中，我们所追求的不应该是如自然科学一般的通用性理论。在自然科学中，理论往往表现为对若干个变量之间逻辑关系的陈述，呈现为通过演绎而相互关联的一系列法则。社会科学所研究的对象——人类——是具有反思性的，当他知晓了某个"规律"之后，他就会下意识地调整自己的策略和行为以达到自己的目的，从而得到异于"规律"预测的结果。在社会科学中得到如自然科学一般稳定的"定律"往往是不现实的，因为它潜在地忽视了人类行为的反思性。那么，社会科学应当追求什么样的理论呢？吉登斯认为，给出概括和归纳并不是社会理论的根本目的。吉登斯写道："倘若那些倡导'理论即说明性概括'的人过分狭隘地限定'说明'的实质，就不能充分深入地探求社会科学中的概括实际如何，又应当怎样，从而错上加错。""社会理论"中所说的"理论"，并不只是——甚至也可以说主要不是——系统地阐述（上述类型的）概括；至于在"社会理论"名下发展起来的概念，也并非个个都能纳入这样的概括。恰恰相反，我们在考虑这些概念的时候，必须联系其他那些有关行动者认知能力的概念，因为它们之间有着不可回避的关联。他认为，社会理论的任务就是提供一系列的概念工具，使我们看到"手电筒之外"的部分。

为什么说"结构二重性"这个概念支撑了过程叙事？如果不采用这种方式认识结构，过程叙事就是不可能的吗？这关系到我们讲故事时使用的语言。当我们讲某物"是"什么时，我们是在用下定义的方式来认识它，而我们所给出的定义是我们所理解的事物的"本质"。这是从柏拉图肇始的理念论主张。但是，我们未曾反思的是，"是"本身如何可能？事物真的存在"本质"吗？（所谓本质，就像植物的种子，按照这种说法，一种植物生长的所有可能都已经先验地规定在了它的"种子"之中）当我们对"本质"产生了怀疑，我们提问的方式就发生了变化，不再是"某物'是'什么"，而是"既然人们说'某物是××'，那么这个定义本身是如何形成的"。也就是说，我们对"是"本身提出了疑问，这就意味着认识论的转向。如果要回答这一问题，我们首先要探讨"过程叙事"是怎样一种叙事。当然，任何一个故事都包含对事情发展历程的描述，从这个角度来说，所有的叙事都是"过程性"的。但是，我们不曾注意到的是，所有的"叙事"都暗含着"讲述者"对事物前因后果的判断。即便这种判断不是以因果关系的表述呈现的，他也会不自觉地在文字表述中向读者呈现这一点。因此，我们所讲的故事不单是对现象的描述，还是我们对现象的解读，我们对现象的本质"是"什么的思考。与上文一致，我们认为新的认识论下的叙事恰恰是对"是"本身、对在叙事中预设的"因果判断"本身的质疑。在新的叙事方式下，我们试图还原在定义和因果联结背后事物本身的图景。我们认为，"行为实践"不再是因果律下的"结果"，不是"因为××，才有××实践"，而是直接描述实践本身，并以此为出发点，考察如此这般的实践是如何可能的。因此，"过程叙事"的表述是不到位的。更确切的表述应该是"以实践为出发点的、专注于'是'的形成过程的叙事"。如果我们再返回看"结构二重性"的概念，我们就会发现这一概念和刚刚陈述的叙事主张是高度吻合的。因此，我们说，创造新的概念或对已有概念的重新诠释是为了支撑新的认识论下的叙事。我们认为，不存在"实践"之外的"社会事实"，"实践"就是"社会事实"。

以往，科学研究的目的被认为是发现事物与事物之间的联系，以及发掘事物背后起着决定性作用的结构性因素。既然"结构"不具有必然的约束力，那么科学研究的终极目标显然不是发掘事物的"本质奥秘"。本书认为，社会科学研究的首要任务就是把事物"何以为是"的过程还原出来。这应是理论建构的基本前提。在这个基础之上，我们可以归纳事物与事物之间联系中相对稳定的模式。它的目的在于使我们对事物有更为深刻的理解，而不是以机械论的方式试图控制事物的运行。需要注意的是，我们所呈现出来的联系仅仅是概率意义上的，如果主体的认识发生变化、实践发生变化，则事物的发展进程也会发生变化。

2.2 对"权力"的理解

按照布洛维的说法，理解主体性或是"同意"的产生是理论中最难的部分。在《制造同意》一书中，布洛维提出，主体性是由生产领域的一系列制度安排所塑造的，如内部劳动力市场制度和内部国家。他发现"车间文化"塑造了工人的意识形态，车间就是制造出工人"同意"的场所。在《制造同意》出版30年之后，布洛维在一篇回顾文章中提到这部作品将视域过多地局限在了生产场所，即工厂内部，从而在一定程度上忽视了市场和国家这些外部因素对工厂政体的影响，没有看到前者"自身是有其动力学的社会过程的产物"。在考察平台型工作时，我们面临的是更加开放的工作场景和更加松散的组织形态，因此有必要更加小心地考察"权力"的作用方式，尤其是它是否与传统工作组织构成差异，而不能不加批判地将"组织控制"的逻辑嫁接到这一工作设定之中。

吉登斯在其结构化理论中也讲到了权力的问题。他所理解的权力更加类似于一种广泛意义上的力量，即能做某事的"力"（power），同时他也注意到了权力关系"有偏"的特性，并把它作为权力区分于施动的关键要素。相比于吉登斯，福柯（Foucault，1982）更加系统地讨论了主体和权力问题。福柯感兴趣的与其说是权力问题，不如说是主体问题。他对西方以逻各斯为中心的主体性历史进行批判，试图通过一种"考古学"发掘主体被建构的过程背后的权力性要素。这就要说明，福柯为什么做出了这样的转向。他认为，17至18世纪已经出现了一种新的权力机制，它与立足于统治权的经典权力理论的叙述完全不相容。这种权力机制首先作用于人的肉体及其行动，而且超过对土地及其产品的作用。福柯说道："这种新的、完全不能用统治权的术语加以描述的权力，我认为是市民社会的一项伟大的发明。它曾经是建立工业资本主义及其相联系的社会的基本工具之一。这个无统治者的权力与统治权形式不相符合，这是'惩戒'的权力。"（Foucault，Davidson & Burchell，2008；Foucault & Ewald，2003）

吉登斯认为，权力关系通常会嵌入到人们的例行化行为模式中。因此，我们通常会看到互动通常会循着某个特定的方式进行。但是，这个过程不是决定性的，因为主体总是有不那样做的可能。而福柯所关注的是这个"嵌入"过程，即主体是如何被历史性地建构。福柯考察了刑罚的历史、性经验史、疯癫等。最开始的暴力刑罚不难理解，但是这一暴力模式很快被法律、制度、规训制度代替，以至于如果我们固守以往看待"权力"的方式，在新的情境下，就会发现"权力"的施行者似乎消失了。福柯改变了分析的出发点，重塑了"权力"这一概念。权力不是可见的一方施予另一方的，任何互动关系都构成权力运行的本身，成为"生产合宜的自我"（produce proper self）的途径。权力不能事先被规定为某一方的专利，而只能在关系结束之后才被呈现（反抗是拒绝权力的被施予）。用德勒兹的评价来说，"在福柯那里权力概念很简单，所有的力量关系都是权力关系"（德勒兹，2006）。我们需要"从内在于力量关系之中的一种战略出发破译权力机制"（罗骞，2015）。

这种权力观具有以下几个含义：第一，将"控制"与"反抗"看作同一权力关系的共同组成部分，且具有同等地位。福柯认为，权力关系的本质是"普遍存在的反抗与控制之间的力量冲突"，而不是一种单向的支配形式。在《性经验史》中，福柯提出，"哪里有权力，哪里就有抵制"，抵制绝不是外在于权力的。权力并不是固定的、静止的，而是流布和展现在对抗性的存在关系之中，权力不是单向的支配和掌控，而是一种制约和反抗的辩证关系。福柯说，"没有反抗的权力关系并不存在。反抗是更真实、更有效的，因为它们恰恰是在权力关系得以行使的地方形成的""权力关系具有严格的相对性特征。它们只有依靠大量的抵抗点才能存在：后者在权力关系中起着对手、靶子、支点、把手的作用。这些抵抗点在权力网络中到处都有。……它们是权力关系中的另一极，是权力关系不可消除的对立面。因此，它分布的方式是不规则的：抵抗的各个点、结、中心以强度不等的方式散布在时间和空间中"（福柯，2002）。

第二，将力量关系置于本体论上的优先地位。不是先有判断，再去分析过程的；而是除了力量对抗过程，没有别的更值得关注的东西，所有结论也是从力量对抗过程中归纳出来的。福柯认为，从权力出发来分析，不应该把国家主权、法律形式或统治体系视为原始的所予，因为国家主权之类只是权力的终极形式。福柯说："我们必须首先把权力理解成多种多样的力量关系，它们内在于它们运作的领域之中，构成了它们的组织。它们之间永不停止的相互斗争和冲撞改变了它们、增强了它们、颠覆了它们。

这些力量关系相互扶持，形成了锁链或系统，或者相反，形成了相互隔离的差距和矛盾。它们还具有发挥影响的策略，在国家机构、法律陈述和社会霸权中都体现着对它们的策略的一般描述或制度结晶。……千万不要在某一中心点的原初存在中、在唯一的最高权力中心中寻找它。正是各种力量关系的旋转柱石永不停歇地通过它们不平等的关系引出各种局部的和不稳定的权力形态。"（福柯，2002）

在本书的叙事中，我试图对一些现成的概念，如"分享经济""算法控制"持警惕态度，因为叙事者很容易将自己对这些概念的理解投射到叙事当中，但这恰恰可能造成对事情本身状态的背离。

2.3 分析"技术"的路径

当前平台型工作研究的一大缺陷在于没有很好地理论化"数字技术"。大多数文献，尤其是基于劳动过程理论的研究倾向于将数字技术视作资本意志的延伸，将它看作资本用来控制劳动过程、使资本积累得以可能的手段。这些研究表面上强调技术对于工作和工作关系变革的重要性，而实际上所强调的是资本单方面所扮演的角色。在他们的分析中，"技术"这个最关键的变量本身恰恰被抽离掉了。另一部分观点则倾向于夸大数字技术的某个"内在属性"，忽视其他属性以及这些属性得以成立的条件。例如有研究者认为，平台依赖于双边网络效应，而数字技术恰恰可以将规模化扩张的边际成本下降为零，因此，平台这种组织形态将会在当代资本主义世界的大部分领域占据支配地位（Moazed & Johnson，2016；Srnicek，2017）。后一种观点体现了对技术的一种工具主义的处理方式。近年来，已经有文献关注"数字技术"本身的复杂性。有学者考察了欧洲现场演奏业务（live music）被"数字平台化"的状况。他们发现，由于对音乐质量的评价难以标准化、现场演奏需要应对较为复杂和多变的状况，以及人员组织上较为分散等原因，现场演奏市场并没有出现被数字平台中介所主导的现象。他们认为，由于任务或市场的性质不同，某一市场在能否"平台化"，以及以什么样的方式"平台化"上充满了变数（Azzellini，Greer & Umney，2019）。因而，当对数字技术的性质进行判断时，不能忽略支持其成立的条件。

总的来说，在研究分享经济、数字经济工作的文献中，大多数并没有较好地理论化"数字技术"本身，以及"数字技术"与已有规则、制度、文化及其他情境因素的互动。更准确地说，这些研究路径并未考察平台技术的可供性（affordance）是如何从多方参与者的社会互动中体现出来的（Sutherland & Jarrahi，2018）。这并非平台型工作研究领域独有的问题，在综述了上百篇经验研究文献后，有学者发现，在这些打着"研究技术"名号的研究中，"技术"本身恰恰在具体分析中消失了。它或者在一开始就被简化为几条假设，或者仅仅被当作组织变革或组织运行中的一个"外在冲击"，从而都没有被纳入分析本身（Orlikowski and Iacono，2001）。

组织实践的变革与技术的应用密不可分，这已经是被广为接受的事实。然而，技术是否对组织实践产生了实质意义上的影响？如何影响？具体的影响是什么？从现有研究结论上看，观点并不一致。其中的困境在于对一些基本问题的认知并没理清，即"技术"到底是什么？我们应当如何分析"技术"？在这些问题上，我们很容易陷入方法论上的一元论，即"要么结构要么能动者，要么系统要么行动者，要么集合体要么个人在本体论意义上的先在性"（布尔迪厄，2015）。技术决定论倾向于将技术简化为一个或一系列内在特征，进而讨论这些特征对组织变革的线性影响。社会还原论将技术看作主体意志的延伸，从而蒸发掉技术本身的物质性。

要选择恰当的方法来考察"技术"，尤其是"数字技术"，需要认识到以下几个方面：第一，从工业时代的标志性产物——大机器，到计算机和信息通信技术，再到当前的"数字技术"——算法语言，这些"技术"之间存在很大的区别。有一些是有形的，具有稳定的物理属性并表现出相对稳定的性质；有一些虽具有稳定的物理属性，但表现出来的性质随着人的使用方式而变动不居；还有一些，我们很难具体说清它们到底是什么，它们往往不具有固定的形态，而是在和人的交互过程中呈现出变动不居的形态。以计算机软件为例，它在被应用之初可能包含一系列功能模块，但在应用的过程中，这些模块可能不断被人为地修改、增加或删减。第二，技术与人类主体的关系可能并不是"一方决定另一方"的单向度、决定式的关系，而是在整个互动过程中相互作用的。第三，技术"显露"出什么特性，与使用技术的方式密不可分；如果把研究的视线转向行为的主体——人，又会发现，人的行为既不是纯然自由的，又不是如程序般固定的，而是嵌入在某个具体的社会环境或组织情境之中，随着环境的变化而变化，甚至在不变的环境中也会发生变化。

在这里，我只是根据经验提出技术的几个潜在特性。基于此，本书反对以结构功能主义视角看待数字技术，即认为技术包含一系列的内在属性，认为它与人或组织的关系是单向度的、决定式的。研究是为了更好地理解现实。为了让这个过程具有可操作性，必须对研究对象做一系列必要的假设，对研究变量之间的关系模式有一定程度的预设。不同的研究路径之间没有优劣之分，应当根据研究目的和研究对象的不同，选择适合的研究假设。因此，我们必须在一开始就明确，在本书的语境中，技术指的是什么，如何在分析中理论化"技术"。本小节旨在对分析"技术"的理论路径进行叙述。

2.3.1 技术研究中的结构化理论

自20世纪90年代以来，吉登斯的结构化理论被大量运用于技术与组织研究当中，他成为这一领域被广泛引用的学者之一（Jones & Karsten，2008）。吉登斯在社会变革分析中提出结构化理论来阐释主体行动和社会结构之间的互构关系。吉登斯认为，社会结构既是人类主体行动的"中介"，又是行动的"结果"。在进入人类的实践之前，它们都是虚拟意义上的存在。具有能动性的人类主体通过实践赋予了这些结构以存在形式。然而，这并不意味着人类主体的行动是纯粹任意的、自由的，处于一定社会情境中的人会在既定的风俗习惯、惯例的影响下约束自己的行为，以及受自身经验的影响而调整自己的行为，而这些行为在确认已有制度的同时也在渐进改变着这些制度。虽然很多文献都认同社会实践对于社会事实或组织事实的建构作用，但它们对"物（技术）"的理论化路径是不一样的。这些文献中主要有以下几种处理方式：

第一，将技术引入视为组织变革的"触发"因素。最具代表性的是巴利的研究，他考察了两家医院在引入电子计算机断层扫描（CT）仪后内部组织关系的变化（Barley，1986）。他将社会性的互动过程作为研究核心。这种做法避免了技术决定论视角，但具有鲜明的社会还原论（Social Reductionism）倾向，即将技术视作引发组织变革的"扳机"，认为组织变革结果取决于组织中的社会主体——人——如何实践。技术成为实践变革的导火索，但在实践过程中失去了位置。巴利认为，"技术"只能在实践中被理解和揭示。这种观点建议我们放弃大一统的概念式思考方式，回到一个个具体的应用场景当中。然而，这种观点具有走向唯意志论极端的可能，即认为一切都是由实践来决定的。

第二，适应性结构化理论（Adaptive Structuration Theory，AST）。这是以德桑克蒂斯和普尔（DeSanctis & Poole，1994）为代表学者的主张。该理论认为，技术具有一系列的内在结构，组织也具有一系列的内在结构，当这两方面的结构能够较好地结合时，技术就能够在组织中实现其效果。技术结构和社会结构共同发挥作用导致了特定结果的形成。

第三，奥利科夫斯基提出关于技术的"基于实践的视角"（a practice-based lens）观点。奥利科夫斯基（Orlikowski，2000）更加彻底地将结构化理论移用到技术领域的分析上。她提出，任何实践都是"某个情境下的实践"，因此并不是纯然的唯人类意志使然。尽管如此，人总是具有"不这样做"的可能性。可以说，在处理人和物的关系上，结构化理论将其统一到实践中进行分析，并且考虑到了过分强调人类主体性的弊病。她认为，在被人们实践之前，技术的"特性"只是虚拟意义上的存在，它不是完全的"非存在"，因为当人们与技术发生互动时，会不同程度地受到既定流程的影响。但是，这些流程可能被主体遵循，也可能被主体拒绝，就像选择超市货架之间的通道一样。因此，技术的结构能且只能存在于实践当中。与权变理论①和AST的观点不同，奥利科夫斯基将技术的先天结构视作虚拟意义上的存在，放弃了技术实在论，而是将技术看作一种过程。

同样是对吉登斯的结构化理论的应用，"触发论"将技术看作引发特定实践的动机，AST将技术看作具有内在结构的实体，分析的核心仍旧在于人类主体的社会活动，技术只是作为对人类行为有所影响的因素之一。而Orlikowski（2000）提出，我们不仅应当用结构化理论来看待人类主体，还应当将这个视角应用到对技术（非人的主体/人造物）的考察当中。对于人类主体而言，在特定的情境下，"结构"（吉登斯定义下的"结构"）既是行为的介质，又被行为再生产出来。当人和技术打交道的时候，其行为会受技术设定的流程、特性的影响。但是，应当注意，在被"实践着"之前，这些特性只是虚拟意义上的存在。技术表现出来哪些结构性特征，与实践者的意图、行为密切相关。这一观点和AST、巴利的结构化理论的区别在于，尽管都是以"实践/行为"作为分析的出发点，作为调和主观和客观的途径，但分析重点从人类主体的行为转向了人与技术的互动过程。这一理论视角所关注的是从这一系列"人"与"物"的互动过程中，技术"涌现"（emerge）出哪些结构性特征。这样看来，技术就不再是对人类行为构成影响的外在的因素，而是人和技术交互的过程导致了特定结果的产生。这里的差异非常微妙。可以说，奥利科夫斯基因为这篇文献的

---

① 权变理论（Contingency Theory）认为，技术被其发明者赋予了一系列潜在性质，但是，这些性质能否实现出来，最终呈现出什么效果取决于主体的实践方式。权变理论将"技术"作为"实体"来处理，而非"过程"。这就导致了它并没有从根本上摆脱技术决定论，仅仅是以多元决定论替代之。

理论贡献成为组织和技术研究领域最有影响力的学者之一。

在实际的组织实践中，技术被不断地重新设计，每一阶段的设计依赖于上一阶段它所表现出来的结构性特征；而在这一阶段设计完成之后，它又可能在实践中显露出无法预见的性质。因此，它既是行为的介质，又是行为的结果。技术的"结构"只体现于人和结构的互动关系当中。它所表现出来的结构性特征既不是被设计人员注入的，也不是内在于其本身的东西。为什么要在这个层面上发展结构化理论？对于不具有物理外形的信息技术而言，或是基于编程语言的技术而言，它很难被规定为具有一系列的特性（尤其是基于计算机语言的算法），或者说，它的可供性和限制性（constraint）对包括设计人员在内的人类主体而言都是神秘的、未敞开的。因此，实践过程就是揭开技术神秘面纱的过程。技术的物质性不是表现为一种先设的规定性，而是全部体现在人与技术的互动关系当中。具有同样目的性行为的不同的人在与同一技术互动的过程中形成了不同的结果。如何解释这个差异？奥利科夫斯基认为，这要归于互动链条的整个环节的差异，即在"物"参与下的结构化过程的差异。这就说明，技术的"结构"不是预先规定好的，而是在互动过程中呈现出来的。

AST认为，技术具有预先设定好的结构，因为使用技术的目的、方式不同而产生了不同的结果。而奥利科夫斯基所表达的是，即便带着同样的目的使用，也会生发出不同的使用方式（目的不等于使用方式，因为使用过程中物质性的参与）。在这个视角下，我们需要观察在行为实践中，技术"成全"（afford）了什么，"限制"（constrain）了什么，这个"成全"和"限制"不是技术内在结构的外在表现，而正是技术的结构本身。不存在脱离于实践的技术结构，技术和人类主体是相互建构的关系。

2.3.2 从"技术"到"人与物的系统"

吉登斯虽然没有直接谈论"物"（material），但他的确在其作品中埋藏了对"物"的观点。讨论"权威性资源配置"时，他提到了"媒介"的重要作用："树木上的刻痕、书写用的布帛、书籍、文件、电影胶片、磁带这些信息储存媒介，由于其物理特征，直接影响到它们参与形塑的社会关系的性质。"他举了一个例子："机械化印刷的出现，就限定了究竟哪些形式的信息是可以获得的，以及哪些人可以利用这些信息"（Giddens，1984）。吉登斯将"施动"一词理解为"能做某事的能力"。这就意味着，只有人类主体才可能具有施动性。尽管在实践过程中人不可避免地会受到制度、既有结构的影响，但人始终有"不那样去做"的自由。换句话说，一方面，人类主体生成技术来"成全"或"限制"人类的行为；另一方面，人类主体又时刻都有"不那样做"的自由。因此，在这个层面上，尽管吉登斯的社会结构化理论以及被 Orlikowski（2000）引入到技术领域的"基于实践的视角"都试图将非人的"制度""技术"纳入其中，但二者不可避免地将人的主体性置于主导性的位置，"技术"仍未在分析中扮演实在的角色。也就是说，在这个理论框架中，人是唯一的能动者（agent），技术处于被动的地位。那么，技术本身究竟以什么方式存在？如果人随时都有违反的自由，那么技术的"成全"和"限制"还成立吗？

　　如果要解决这个矛盾，就要实实在在地为"非人"的因素——物——找到位置。这是后人类主义学者关注的焦点，他们主张社会主体的行为、认知本身就不是完全"外生"的，两者不是"表征"（representative）关系而是"述行"（performative）关系，强调非人的因素对人类实践的建构作用。该理论以布鲁诺·拉图尔（Bruno Latour）、米歇尔·卡伦（Michel Callon）等学者为代表。这些学者试图在分析中将"人"和"物"放到平等的位置上或进行统一，来解决上文提出的矛盾。这样，首要的问题是如何理解"施动"这一概念。如果要统一"人"与"物"，那么就要证明"物"同时也具有能动性，是能动的主体，这造成了理解上的困难。后人类主义学者采用了基于实践的关系主义本体论的路径。以往，我们都是以"能做什么"来理解"能动性"，如果换一个角度，以"事实上做了什么"来理解这个概念，就能达到"人"与"物"对于"施动"这一概念的共享。正如拉图尔所说，施动不是世界的属性特征，而是正在进行着的构成过程。没有独立于实践、行动的施动，施动是体现在行动过程当中的，并且是无法被事先预判的。[①] Pickering（1993）以科学实验发明过程为例解释了"物的能动性"的含义。在科学家带着研究目的尝试新材料的过程中，不断"遭遇"（encounter）材料（物）对其行为的"干预"，也就是说，科学家根据"物"表现出来的性质对自己的实验行为进行调整。这些性质并非"物"所内在固有的，而是在有目的的研究探索过程中，在特定的"相遇"方式中所表现出来的。它并非内在于"物"本身，因为只有在人类主体特定的实践活动下，它才表现出来；同样，它也不是完全受人控制的，科学家在实践之前无法预知"物"会表现出什么性质，更无法控制其性质的表现过程。更重要的是，"物"因其表现出来的性质直接对科学家下一步的研究实践构成影响。也就是说，后者的研究实践并不是全然自发、与物质无关的，物质性参与到了科学家认知和实践活动的每个环节。Pickering（1993）将这个过程称作"实践的绞轧"（the Mangle of Practice），即"物"和"人"的"能动性"统一到实践过程当中。后人类主义学者指出，"人"和"物"并不是分离的、二元的，而是在实践过程中共构、共生（co-constitute，co-configure）的。

在这个视角下，并不存在"哪一个技术"，而是存在一个"物"的王国。每个"技术"所表现出来的物质性都是"人"与一系列的"物"形成的网络互动的结果。这正是拉图尔提出的行动者网络理论的核心要义：世界是一种不断生成的网络。在这个网络当中，"人"和非人的"物"都是具有能动性的行动者，人的行动者（actor）和非人的行动体（actant）一起构成多元的节点，并通过实践和行动构成不断变动的联系（associations），这种联系既是"网络"（net-work）也是"行动网"（working-net），

---

① LATOUR B. Reassembling the social: An introduction to Actor-Network-Theory [M]. Oxford: Oxford University Press, 2005.

即 net（网络）与 work（行动）的一体连接（Latour，2005）。这种关系主义本体论最有理论魅力的一点，是它确认物质行动者和人具有对称的能动性，从而具有强大的理论和研究激发力。伯格（Berg，1997）形象地说，"物"处在交叉路口。行动是"流动"的，"物"及其表现出来的"能动性"也是变动不居的，最终决定事物结果的是一个"人"和"物"交融的网络，而不是当中的某一方或某个东西。因此，只能从"网络"的、过程的、关系的视角来认识"物"。"物质性"存在于关系中，这就在本体论层面完成了人与物的"融合"。

劳斯（Joseph Rouse）认为，科学实在论和社会建构论看似差异很大，其实它们在这一点的认识上是相同的：它们都主张笛卡尔式的主客体区分、认识主体和认识对象区分，即对象的"表征"和对象是泾渭分明的，两者之间是"反映"的关系。但后人类主义学者反对这一点，他们认为，使用、认知不是纯粹外生的，它经由物的参与才得以可能，因此，它是内生的。不能说特定结构是外生的使用、实践方式的结果，两者不是相对独立的关系。因此，应当做进一步的还原：还原到人与物互动的整个过程，甚至去考察两者之间的界限是如何被划定的（Barad，2003）。进一步，他们认为，这是社会科学研究的基本特征。过程才是唯一的真实，只有从过程入手才是打开物质性"黑箱"的途径。不是某一个"技术"，而是"人"与"物"的整个系统才是真实的。人的行为、认知也是内生的。除了从一个系统角度来看，没办法单独去"理论化"物，去单独讨论物的作用，组织变革的结果既不可单独归因于技术自身，也不可归因于纯社会化的行为。

2.3.3 组织和技术研究中的"社会物质性"概念

借鉴后人类主义学者的思想，Orlikowski and Scott（2008）提出了技术研究中的"社会物质性"概念。她们认为，在技术相关研究中，将"人"和"技术"视为相互独立的视角限制了我们的考察视域。要注意到两点：第一，在每一段实践当中，将"人"和"物"区分开是不可能的。我们无法想象哪一项人类的行为实践、认知过程当中没有非人的"物质"的参与，两者相互缠绕、相互融合，密不可分。第二，"人"与"物"相互纠缠着的实践创生着我们所看到的事实。不是"实践影响着事实的形成"，而是"社会物质性实践（sociomaterial practice）就是事实"，这就使"人"和"物"在本体论层面完成了统一，语言上的区分只是为了分析的便利。我们应当摆脱掉把"人"和"物"看作相互独立存在的观点，而要在本体论层面统一"人"和"物"。技术并不是人的认知对象；相反，人对技术的认知恰恰是通过社会物质性实践创生出来的。Østerlie，Almklov and Hepsø（2012）通过对石油勘探活动的考察阐明了这一思想。技术人员对海洋深处的石油的感知，是借助感应器、接收器、编译器等一系列仪器仪表，再结合自身的知识和经验而获得的。因此，使用不同的测量工具，就会获得不一样的"事实"。认知媒介，例如观察使用的工具、采用的方法、分析的手段都在认知结果的建构过程中扮演着角色。在这个过程中，"人"和"非人"的区分不是一开始就设定好的，而是作为社会物质性实践的结果而呈现的。因此，最终的结果具有更高程度的不确定性。Orlikowski and Scott（2014）以在线旅游网站Tripadvisor和传统酒店的评价机制为例展现了"社会物质性"这一概念的分析效力。在两种不同的评价模式下，人们对于酒店质量的认知程序是不同的。而其认知程序中掺杂着网站设计、实地测评人员、酒店的反应等多种因素，在这一过程中人们对于好与坏的评价维度建立起了两套不同的认知。

在这一视角下，一些经验研究将关注点放在了"人"和"物"的界限（boundary relationship）是如何在过程中确立起来的这一问题上（Barrett，Orlikowski，Oborn，et al.，2007）。在这个过程当中，"人"和"物"都是参与者，"人"和"物"在组织实践中相互纠缠，而正是通过组织实践，才完成了"人"与"物"的区分，物质性（materiality）才得以显现。

认知对象是被建构起来的，建构的过程是"人"与"物"共同参与的过程，并且无法把两者区分开。因此，①并没有一个"技术"独立于"人"和"物"的互动实践而存在；②在技术研究中，要考察更广泛意义上"人"和"物"构成的系统，而不是某一个独立的技术实体（因为它并不存在）；③在这个视角下，分析重点应当放在"装置、设施、集合体、网络"这些概念上，这种研究路径更加适用于考察复杂的、时刻变化（生成）着的现象。

2.3.4　讨论

从日常经验出发，我们很容易领会到：在组织实践中，没有哪一项行为能够脱离"技术/人造物"的参与而存在；在对自身身份的认知、对事物进行阐释的过程中，"物"都在扮演着重要角色。在这种情境下，应当如何认识"物"，以及如何认识"技术"与人类世界、组织的关系？如何理解技术革命下，工作、组织，甚至人类社会的变革？在数字技术对生活、工作世界的浸入越发深刻的情况下，思考这些问题显得尤为必要。

以上提出的视角都是在这条路径上的尝试。在整体基调上，这些视角试图破除技术决定论和社会还原论的分析模式，不再以"技术是什么""技术具有什么特性"作为分析的出发点，而是询问事情"何以为是"，还原人类主体和非人的"物"的交互过程，认为"技术"的特性正是通过"人"与"物"的网络的交互实践而建构的。

在结构功能主义视角下，"技术"被认为是一个"实体"或实现某事的条件。我们很容易将"技术"对象化。因此，我们看到的往往是技术被应用的后果，而并没有将使用这种技术的"动机"、使用过程中的诸多或然情况、某一技术与其他"人"和"物"的互动纳入到分析当中。而后者恰恰是分析组织内权力关系的重要因素（Leonardi & Barley，2010）。正如上文所提到的，研究是为了更好地理解现实。为了让这个过程具有可操作性，我们必须对研究对象做一系列必要的假设，对研究变量之间的关系模式有一定程度的预设。

为了使研究活动不脱离现实，我们应当对既有工具中暗含的假设和预设保持警醒，并持续反思。Law（2004）认为，在技术和组织研究中，应当持有更加包容的态度，因为研究者使用的假设、分析框架就在一定程度上影响着（也就是局限着）研究的发现。他主张注意方法对实践的建构作用，进而对社会事实的建构作用。事实是持续变化、充满不确定性的，因此，要对研究方法更加包容。一些看似"非主流"的方法可能更适用于理解当前的现实。不同的研究路径之间没有优劣之分，我们应当根据研究目的和研究对象的不同，选择适合的研究假设，以求对重要性日益彰显的技术变革和组织变革有更加深刻的理解。

2.4 本书的叙事框架

长久以来，我们容易采用功能主义或结构主义的方式来简化对问题的思考。功能主义者认为，事物的组织都是以满足某种功能为目的的，它带有某种"进化论"色彩。历史唯物主义也有这方面的倾向。它将生产系统的组织归结于生产力的发展和资本的增殖倾向，忽视了历史发展过程中的或然性事实。如若不加批判地采用这一理论预设，相当于一开始就判定好了主体的性质，接下来的分析与其说是"探索"，不如说是对既有观点的诠释而已。结构主义者强调结构性因素的决定性作用，而个人的行动很难突破这些因素的约束。

然而，不论是功能论还是结构论都弱化了个体的能动性，这种能动性体现在个人很有可能不按照"规定"的设定来行动。主体并非屈从于某个客观规定的木偶，而是会根据需要时刻调整自己的行动策略的能动者，其行为充满偶然性，进而使得最终结果变得有所变数、不可预测。这一点尤其体现在零工工作这种组织松散的工作模式中。因此，在理解工作"平台化"这一现象时，既不宜以某种预设好了的原则来把握主体的行动逻辑，又不宜从某种超越主体行为的"结构形式"中寻找这种逻辑，而要以主体情境化的实践为出发点去寻找。平台经济的逻辑可能并不是简单的具有主观性或客观性、结构主义或意志主义的，而是处于两者并存和互动的模糊、矛盾的地带。以行动作为分析的出发点，这意味着不仅要关注行动者是怎么"想"的，即对行动的"合理性"进行论证，更重要的是他是怎么"做"的。"做"的背后可能有若干原因交织，甚至行动者自己也在无意识中被"卷入"某种行动当中。在这个过程中，"中介"或"介质"起着重要作用，它通过某种形式的展现影响着主体的认知和行动，我们将其称作技术的物质性。

把握这个过程，对研究者提出了很大挑战，也带来了对研究结论客观性的疑问。这是因为，行动产生的"原因"，不是以某种明见的形式呈现出来的，而是从谈话者的话语、行动中"挖掘"出来的；除了要挖掘和行动者直接相关的部分，还要顾及更广层面上的情境中包含的习惯、风俗、文化和制度性因素。这个综合过程何以可能？是否能保持客观？民族志研究会受到研究者个人主观因素的影响，这是难以避免的。在这里，我能做的就是尽可能详细地呈现我的研究过程，供读者评判。

综上，下面对本书经验叙事涉及的概念做几点说明：

第一，"工作结构"不是客观实在，而是体现在工作主体的实践中，既是主体实践的"中介"，又在实践中被不断再生产出来。"工作条件"指的是在这种互动模式下，体现于劳动者身上的工作相关结果。针对传统的雇佣工作，我们常常用工资水平、工作场所安全性、收入稳定性等来衡量其工作条件，但在这里，是否应当不加批判地移用这一系列指标？换句话说，应当从哪几个方面来评价"平台型工作到底是一份怎样的工作"？这是尚未取得共识的问题。本书不打算就这个问题深入探讨，或者说，探讨这个问题应当是在本研究基础之上的工作。因此，本书暂时搁置这个问题，而是采用一种描述式的路径来研究体现在实践中的工作条件。

第二，结构的二重性。本书采用了吉登斯的结构化理论，它的核心要旨就在于"结构的二重性"概念。在未进入主体实践之前，结构只是虚拟意义上的存在。这里的"虚拟"不应从是否具有物理实在和物理属性的角度来理解，而是应当理解为外在于行为实践的虚拟性。主体的行动也并不全是偶然和任意的，它在实践中可能受既有结构的约束。本书将"结构"区分为两类：一是规则/制度的设计；二是技术/人造物的设计。这两者之间并没有泾渭分明的界限，区分只是为了叙事和分析的便利。例如，"人造物"如软件、算法的设计在某一方面正是规则的体现。不同的是，它以某种物理介质为依托，体现出某种难以预见的物质性。后者是技术社会学研究的关键议题，也是反思技术决定论的关键入口。因此，本书将其重点提出，以探讨在以数字平台为媒介的工作中应当如何理解和分析"技术"，如何认识"技术"在工作变革当中的作用。

第三，本书拒绝一种行为学上的先设，而是以实际发生的行为实践作为分析出发点，试图追溯变化着的行动，对体现于行动中的结构性特征进行解释。因此，本书采用"基于过程"的研究策略，观察行为是如何发生，如何调整，以及如何以某种形式稳定下来的。在这个基础上，我们将对意图、介质、约束、自由等因素有更为深刻的认识。

第四，任何行为都是根植于某个情境中的行为，但这并不是说，个人就是社会洪流中不具有行动力的分子，相反，制度性的因素正是通过人类主体实践才得以显现出来。在追溯主体行动的过程中，本书通过他们的话语、经历，试图归纳出这些具有相对共性的制度性因素。这与每个民族的个性、行为习惯相关。基于此，我们就可以更好地理解：为什么同一平台的工作在全球不同地区呈现出不同的样态？为什么不同平台的工作在某一地区呈现出某种趋同性？

第五，往复性。图2-1显示了本书经验叙事的框架。图中的圆环型箭头想强调的是，这不是一个从A到B一次性完成的过程，而是在整个过程中存在无数次的调整，甚至，我没有办法规定出清晰的、贯穿始终的"意图"，因为具体的"策略"是体现在过程中的，具有相机而动的成分。这些有意或无意的策略，促使了某一些特定结果的生成，这些特定结果又成为下一轮"策略"形成的依据。这有些类似于博弈论中的重复博弈，但并不完全如此。再次强调，本书并没有对主体赋予某些内在的行为假设，具体行为/实践仍旧是考察的起点。策略、计划、意图只能从处在某种情境中的关系中被认识，而不是超越于这一切的。这里"关系"意味着社会互动，既包括人与人之间的互动，也包括人与已经形式化了的规则、意图、物质的互动。在第5章的讨论部分，本书会就经验研究的"发现"进行总结，这将不可避免地涉及诸如"模式"归纳词语，但我对这些"模式"的可推广性持保留意见。另外，我也不认为这是唯一的、主导性的答案。我主张为其他的可能性留出空间，主张时时刻刻赋予主体行动、改变的可能性。但是，在某种程度上，这些"模式"能够说明中国以及以中国为代表的发展中国家内，平台型工作体现出的共性特征和问题。社会互动和实践都在时刻变化着，不具常形，本书的分析将对理解当下正在发生的工作变革有所帮助。这也是本书的研究目的所在。

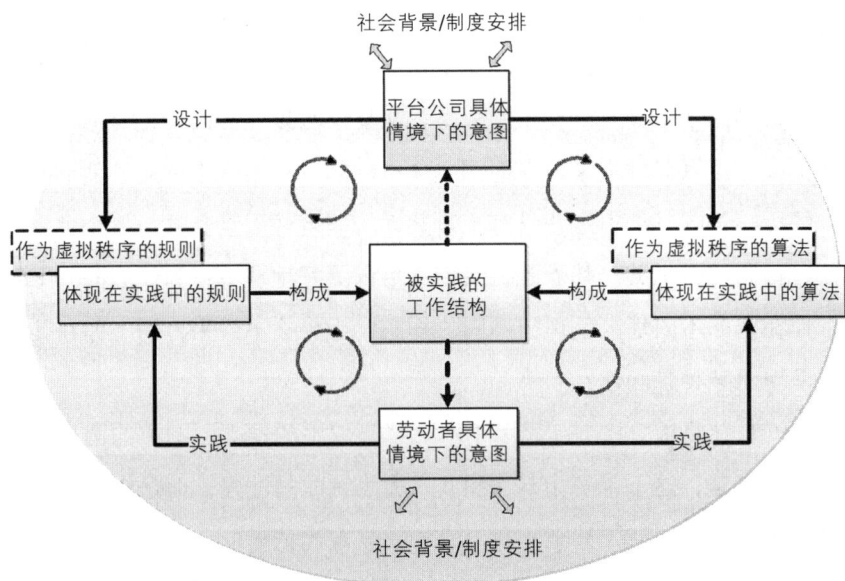

图2-1 本书经验叙事的框架

第3章

出行领域"平台化"的发生

2009年3月,特拉维斯·卡兰尼克(Travis Kalanick)与格瑞特·坎普(Garrett Camp)联合创立了Uber(优步)公司。两位创始人希望,有了这个名为Uber的手机软件,每个人通过按手机按键就能轻松地叫来一辆车,而不必在路边苦苦等待。当时很少有人预料到,这家初创科技公司会开启出行方式的革命。

中国虽然不是网约车模式的发源地,但在短短10年多的时间内已经发展出体量庞大的网约车市场。截至2020年12月,我国网约车用户规模达到了3.65亿。① 通过手机App呼叫出租车已经成为人们日常出行的一部分。

事实上,网约车平台所采用的技术远远称不上领先,它在21世纪初就随着个人计算机和互联网的兴起被发明。那么,为什么在21世纪的第二个10年迅速开启了进入"数字经济"的进程?为什么以出行平台为代表的互联网平台没有早一些或者晚一些出现?为什么中国形成了相较于西方国家更为蓬勃的消费型平台?历史唯物主义者倾向于从生产力发展的角度来理解技术应用和组织变革:他们认为与传统巡游出租车的匹配方式相比,通过互联网平台完成司机和乘客匹配的信息成本更低,匹配效率更高,因而替代旧有模式是历史的必然。但是,我们并不清楚"效率"这一支配性原则的面具背后不同行为主体是如何互动的。在《平台

---

① 数据取自:中国互联网络信息中心.第47次中国互联网络发展状况统计报告[R/OL].[2021-10-10].http://www.cnnic.net.cn/hlwfzyj/hlwxzbg/hlwtjbg/202102/t20210203_71361.htm.

资本主义》这本书中，斯尔尼赛克（Nick Srnicek）将互联网平台的出现归结为既有生产方式的利润率趋于枯竭，资本被迫寻求新的积累方式的结果。但是，他并没有提供充分的材料来说明转型是如何发生的，以及为什么在不同国家和地区之间产生了巨大差异。

本章试图通过考察中国出行领域"平台化"的发生来回应这些问题。本书的基本观点是，生产组织方式的演进不必然是遵循效率原则的，它是在特定制度情境下，不同利益群体相互博弈的结果。在这个过程中，诸多偶然性的、非决定性的因素密集交织，但是，这并不意味着它无章可循。通过对事物发展过程的仔细考察，本书希望对其中的规律性和非规律性因素增进认识。

3.1 市场起步阶段（2012年—2014年8月）

　　中国主要的出行平台是在2012年左右出现的。其中，最早从事网约车业务的是易到用车，注册于2010年5月。滴滴打车、快的打车、摇摇招车都在随后一两年内注册完成。易到用车主攻高端商务乘用车市场，可以看作传统汽车租赁服务的升级，而滴滴、快的等出行平台从向出租车公司和出租车司机推广打车软件起步。

　　一般来说，出租车司机通过巡游方式招揽业务。招揽到乘客后，司机将其送到指定目的地并按照政府规定的收费标准收费。在这种匹配形式下，司机的收入高度依赖于个人经验。有经验的司机可以准确预测乘客可能出现的区域并提前做出应对。尽管从理论上来看，打车软件可以有效地降低供需匹配的成本，但打车软件的出现并没有在一开始就解决出行供需匹配的问题。在2012年左右，智能手机尚未普及，这大大限制了打车软件的推广速度。司机能否从平台上接到足够多的订单取决于是否有足够多的乘客使用打车软件。在消费者市场尚未稠密的情况下，不存在对司机使用软件行为的激励。为此，打车平台不仅免费为出租车司机提供在线接单服务，而且通过为司机派发小礼物（如充电线、手机支架等）和提供订单补贴的方式来激励司机使用并向乘客推广打车软件。这样一来，除了巡游揽客之外，司机获得了额外的订单来源渠道，这对司机来说是效用递增的。因此，出租车司机在一开始并未抵制打车平台的出现。对于出租车公司来说，司机使用打车软件可以降低出租车的空驶率，间接提升了出租车牌照的估值，它们也未排斥打车软件的出现。从2013年开始，随着使用打车软件的出租车司机的增多，一些地方政府陆续出台了管制措施，其主要目的是限制不具备经营牌照的私家车"违规"使用打车软件揽客。例如，2013年5月，深圳市交通运输委员会内部下发《关于强制要求司机卸载手机打车应用的通知》，叫停打车软件的使用。深圳市交通运输委员会的官方回应显示，叫停软件的主要原因在于，打车软件中"加价"的模式不利于监管，特别是"黑车"可能会因为没有准入门槛的限制而进入市场。与此同时，北京、上海、济南、苏州等城市也出台了限制出租车司机使用打车软件的相关措施。但是，总的来说，这些管制措施并没有在全国层面引起太大的波澜。对此，另一种解读是，深圳等城市的交通运输委员会正在开发电召平台，它们不希望被市场化的公司抢占先机，使出租车脱离政府的监管。

进入2014年，网约车市场"补贴大战"初见端倪，标志性的事件是腾讯和阿里巴巴更大程度地介入对出行领域的争夺中。2014年1月，滴滴打车与腾讯开展战略合作，开启微信支付打车费补贴营销活动。中信产业基金、腾讯及其他投资机构为滴滴打车注资1亿美元。同时，已经是快的打车投资方的阿里巴巴宣布，连同其他财务投资人一起注资近亿美元支持快的打车发展。

大型互联网公司投资网约车平台的目的在于推广其支付服务。当时，腾讯旗下的微信支付上线已经4个多月，迫切希望快速吸引用户来挑战阿里巴巴在移动支付领域的垄断地位。交通出行属于高频、刚需的服务，是移动支付的重要场景。对于腾讯、阿里巴巴来说，通过投资打车市场来推广其自身的移动支付服务成本更低、效果更好。为此，互联网巨头不计代价地对此领域进行投资，意在打造自己的生态闭环，日后收割垄断市场带来的利润。

面对腾讯和滴滴打车联合发起的补贴活动，支付宝和快的打车宣布升级补贴方案，其打车奖励金额永远会比同行高出1元钱。于是，滴滴打车再次提升补贴金额以抢占市场。到了2014年4月，两个打车平台的"补贴战"达到了一个小高峰。快的打车单日补贴峰值达到了3 000万元，滴滴打车单日补贴峰值达到了4 000万元。

3.2 市场迅速扩张阶段（2014年8月—2016年8月）

　　2014年8月到2015年初是网约车市场迅速扩张的时期。当地方政府的监管重点仍旧是出租车时，打车软件的活动阵地已经开始向出租车之外转移。2014年7月，快的打车上线了定位于中高端用户的新业务品牌"一号专车"。随后的2014年8月，滴滴打车也推出了"专车"业务，并向市场投放了大量补贴，吸引车辆注册使用。从滴滴出行App安卓端下载量的变化曲线（如图3-1所示）可以看出，2014年8月以后的几个月下载量以指数级速度攀升，是市场扩张速度最快的阶段。

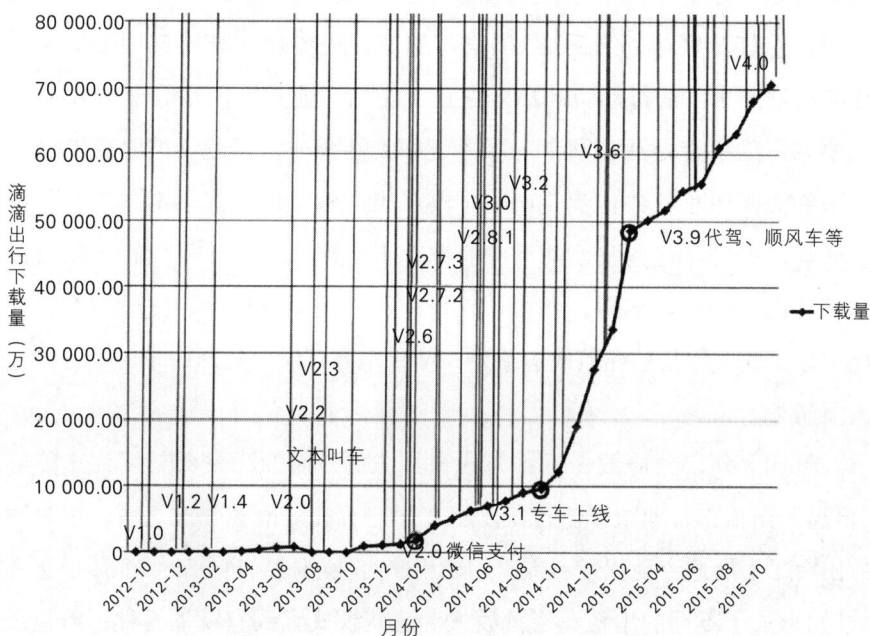

图3-1　滴滴出行App安卓端下载量

　　资料来源：韩太春，石磊，黄有璨.迄今为止最深度最完整的"滴滴出行"成长路径分析[EB/OL]. [2021-05-01]. https://www.36kr.com/p/1721011290113.

此时，各网约车平台的主打产品已经不再是出租车，而是由汽车租赁公司提供的"专车"和私家车。尽管平台将"专车"定位于高档服务，意在和出租车的市场定位拉开差距，但事实上，通过大量补贴，乘坐"专车"的价格已经和乘坐出租车的价格相当甚至低于出租车。这开始引起出租车司机群体的不满，而在不久之前，打车软件还是出租车司机最喜欢和推崇的揽客工具。在2015年的第1周，沈阳、青岛、南京3座城市分别发生了不同程度的出租车停运事件。在这类事件中，出租车司机们将主要矛头指向了打车软件，提出打车软件使得大量私家车进入，抢占了出租车的市场。他们的主要诉求是希望政府降低出租车管理费（份子钱），以及允许司机提前终止合同、拿回押金。

在我国，从事经营性载客业务需要获得政府的资格许可，即获取出租车营运牌照。不具备牌照的私家车被称作"黑车"，受地方交管部门管制。在打车软件兴起后，"黑车"的增加促使地方交管部门采取了一些整治"黑车"的行动。2015年之前，上海、北京、广州等全国10余个主要城市陆续查处互联网专车服务，称其涉嫌非法营运。彼时刚刚进入中国的美国叫车软件优步（Uber）被重庆交管部门认定从事"黑车"经营活动。但是，这些整治活动没有掀起很大波澜。司机使用打车软件接送乘客的行为难以识别，例如司机可能和乘客私下约定，一旦被交管部门查处，就谎称是在导航或送朋友，结果地方政府管控网约车的能力被大大限制了。

除此之外，政府放任网约车快速扩张的一个原因是希望网约车能够"倒逼"出租车行业改革。传统出租车早已存在。改革开放之后，中央政府出台了发展适合现代发展需求的出租车行业的指导意见，各地"百花齐放"，形成了不同的出租车经营模式。这些模式大致有以下五种：承包经营、合作经营、挂靠经营、个体经营、公司直营。需要说明的是，有的城市同时有若干种模式，有的城市经历了不同模式的沿革，有些模式名义上是甲模式，实际上却是乙模式。从我国不同城市的个案来看，凡是个体经营或者挂靠经营占主流甚至全部的地方（如温州、郑州），经营权的不规范出让、变相转让问题都比较严重，政府对行业的控制力较弱。而经营权的不规范出让和变相转让问题历来是政府所认为的出租车行业混乱之源。①在2015年前后，全国出租车市场已经形成了区域割据、管理多元、利益群体固化的局面。以北京市为例，出租车牌照管制自20世纪80年代开始放开，任何企业只要挂靠任一国有单位都可注册成为出租车公司。这导致在1988年到1992年间，出租车的总量迅速扩张。随后，地方政府通过限制出租车总量的方式开启了一轮"紧缩政策"。不变的出租车供给和高涨的出租车需求导致存量牌照价格飞涨，引发了新一轮的并购、重组。一些出租车公司依靠手里的牌照压榨出租车司机、操控市场、贿赂地方官员，司机缺乏正当渠道来维护自己的权益。这导致传统出租车行业效率低、服务差、劳资矛盾频发。虽然不同城市出租车承包管理的细节和模式不同，但上面所提到的出租车行业的"痛点"基本上是共有的。

从2012年起，中央政府针对出租车行业制定了一系列改革措施，但在实施过程中因涉及的利益相关部门过多而阻力重重。在2016年3月16日以前，城市出租车有多个管理主体，其中住建部门和交通部门是两大管理主体。1997年12月23日，建设部、公安部发布《城市出租汽车管理办法》。根据该办法第七条的规定，"国务院建设行政主管部门负责全国的城市出租汽车管理工作。县级以上地方人民政府城市建设行政主管部门负责本行政区域内出租汽车的管理工作"。这就意味着，在以往的部门分工下，出租车在城市里算是城市管理的一部分，归建设部门管；一旦出了城，就归交通部门管。这种条块分割的管理，动辄造成出租车管理的权属不明晰。在中央"大部制"改革框架下，交通运输部于2008年3月正式挂

---

① 详见：财新网.中国出租车行业的经营模式［EB/OL］.［2021-05-01］. https://opinion.caixin.com/m/2018-04-11/101232857.html.

牌，至此，出租车行业的管理职能由住建部移交给交通运输部，出租汽车行业管理"政出多门"的局面告终。但由于政策过渡、衔接受限于某种行政反应的滞后性，当交通运输部于2014年出台《出租汽车经营服务管理规定》，并于2015年1月1日起正式施行时，《城市出租汽车管理办法》仍然存在，直到2016年3月16日才正式废止。这就导致在较长一段时间里两个部门规章同时存在且都有效，而现实往往又决定了在政策"竞合"的背景下，更能保护既得利益的规定往往被使用得更多。在这期间，尽管各级政府对改革出租车行业的表态从未停止过，但难见实质性的改革推进。部分政府部门和出租车公司存在利益绑定，固化了的利益集团阻碍了出租车行业改革的推进。而且，就算是中央政府有意推动出租车改革，高度多元的管理体制严重削弱了其在出租车行业改革方面的能力。

网约车的出现被中央政府视为"倒逼"出租车行业改革的契机，因此从一开始，中央政府就没有在政策上明确限制网约车的发展，而是提出了"审慎宽容"的总体监管思路。从2015年起，中央政府层面对以网约车为代表的平台经济和新形态就业屡屡释放乐观的信号。2015年1月8日，交通运输部发布《交通运输部关于全面深化交通运输改革的意见》。该意见认可了"专车"的价值，但是提出禁止私家车介入平台参与经营，要加强对"专车"的监管。国务院将出租汽车行业深化改革纳入2015年任务清单。交通运输部有关部门表示，当前各类"专车"软件将租赁汽车通过网络平台整合起来，并根据乘客意愿通过第三方劳务公司提供驾驶员服务，是新时期跨越出租汽车与汽车租赁传统界限的创新服务模式，对满足运输市场高品质、多样化、差异性需求具有积极作用。"专车"服务应根据城市发展定位与实际需求，与公共交通、出租汽车等传统客运行业错位服务，开拓细分市场，实施差异化经营。各类"专车"软件公司不只是提供一个运输供需撮合平台，还应当遵循运输市场规则，树立品牌意识，承担应尽责任，禁止私家车接入平台参与经营，让使用"专车"服务的乘客更加安心、放心出行。①

中央政府的表态对新兴行业的发展起到了有力的引导作用。尽管交通运输部提出禁止私家车接入网约车平台，但并未给出有操作性的实施办法。在社会舆论的压力下，以及"去产能"背景下防范失业、繁荣经济的考虑下，各级政府在监管实践中更加强调网约车平台"创新"的一面。

政府"审慎宽容"的监管态度也反映在当时一起网约车案件的判决中。私家车驾驶员陈某使用滴滴出行软件接送乘客被罚款，陈某提起诉讼。2015年4月，济南市市中区人民法院判陈某胜诉。②济南市市中区人民法院认为，陈某的行为构成未经许可擅自从事出租汽车客运经营，但是考虑到网约车这种共享经济新业态的特殊背景，社会危害性较小。根据现有证据，济南市客管中心做出的处罚幅度和数额畸重，存在明显不当，根据行政诉讼法相关规定，依法应当予以撤销。这起案件被称为"国内专车第一案"。2015年9月16日，上海市交通委员会正式宣布向滴滴快的专车平台颁发网络约租车平台经营资格许可，滴滴快的也成为国内第一家获得网络约租车平台资质的公司。资质有效期为1年。

总的来说，尽管出现了一系列出租车"罢运"事件，但这并未成为遏制网约车发展的障碍。消费者对价格低廉、服务好的网约车的认可，中央政府"审慎宽容"的态度，都为网约车平台进一步扩张创造了条件。在消费者看来，城市出租车收费高、服务差，且存在高峰期"打车难"的问题，而"专车"价格更低廉，体验更加优质。在那一时期，舆论很少站在出租车司机一边。大多数居民认为，出租车被"专车"替代是其长年累月不规范的管理、恶劣的服务质量导致的。大多数人认为，"专车"的出现是市场规律的体现，是应当被大力支持的。

---

① 齐中熙.交通运输部：鼓励创新但禁止私家车接入平台参与"专车"经营 [EB/OL].[2021-05-01]. http://www.xinhuanet.com//politics/2015-01/08/c_1113930632.htm.

② 王晓芳.专车第一案，一场标杆性的胜诉 [EB/OL]. [2021-05-01]. http://www.chinanews.com/sh/2016/12-31/8110430.shtml.

从 2015 年初到 2016 年 8 月，网约车迎来了"野蛮生长"时期。在特殊的舆论环境下以及经济和就业发展阶段，网约车平台发展迎来了一个宝贵的窗口期。2015 年 5 月，市场份额在当时排名首位的滴滴出行推出了快车业务，主推经济型私家车车主进场。另一打车平台——优步中国——早在 2014 年 10 月就推出了面向私家车车主的打车产品"人民优步"，且未受到政策的明显限制。在宽松的管制环境下，优步中国显著提升了私家车打车补贴额度，和滴滴出行发起了又一次的补贴大战。

3.3 市场垄断和市场管制阶段（2016 年 8 月至今）

2016 年 8 月，随着滴滴出行合并了它最后一个强势竞争对手（优步中国），市场垄断格局得以形成。滴滴出行市场占有率达到了 80% 以上。网约车为政府管制下的出租车行业撕开了一个口子。在这个窗口期，汽车融资租赁让网约车插上了规模经济的翅膀，使得网约车司机队伍迅速扩大。在出行市场空间大、改善潜力大的城市，网约车线下产业链的发展更为繁荣。截至 2016 年末，在平台规则引导以及衍生的产业链助推下，平台上已经聚集了数量庞大的全职司机群体。根据我所在课题组对深圳网约车司机的调研，若以每月计费时长 120 小时作为"核心司机"的标准进行筛选，核心司机占当时注册司机的比重为 25.12%，但他们贡献了平台订单总量的 66.04%[①] 考虑到当时全国千万级别的网约车司机注册量，全职司机的绝对数量相当可观。

在这段时间，网约车的"放任发展"逐渐侵蚀了部分社会群体的利益，社会矛盾持续积累，一触即发。大举扩张的网约车对出租车司机和出

---

① 数据引自中国人民大学劳动人事学院课题组 2016 年 12 月发布的《网约车市场与移动出行生态圈——深圳市网约车新政实施效果测算与评估报告》。

租车公司造成了直接冲击，它同时威胁着公共交通工具（如公交车、地铁）、出租车在城市公共服务和出行系统中的地位。这些矛盾具体表现在：第一，出租车司机有效载客量降低，收入下降。以深圳为例，在2016年下半年，由于网约车的冲击，出租车实载率下降到往日的60%~70%，收入下降20%左右。一般来说，出租车司机承包车辆及出租车牌照时会签订多年限的承包合同，且需交纳押金。以深圳为例，在市场高位时，单是租赁出租车牌照就要当场交纳10万元的押金。在网约车凭借着低廉的价格强势挤占出行市场后，出租车客单量大幅下降，然而管理费却没有相应下降。出租车司机受制于多年限的承包合同，无法立即"退车"拿回全额押金。在这个时候，出现了出租车司机集体行动，要求出租车公司退还押金，甚至通过"罢运"的方式向出租车公司和地方政府施加压力以求降低"规费"、"退车"和拿回"押金"的事件。深圳一名出租车司机向我们描述了他们在2016年4月"无组织罢运"的情况："网络（注：通过互联网组织）有一定成分，但不主要，就是你传我，我传他。我们内部信息很活的，没有人组织，很自然地停下来了，一停就停了两天。我们本来打算停一个礼拜。（问：为什么？）停第一天，整个路面都没有出租车，政府和公司都不理我们，以为我们就能熬一天。谁知道我们第二天还是不出来，就在停车场里，打牌的打牌，聊天的聊天，反正也没聚在一起。打个比方，我住大望，那里停的全都是出租车，像福田、龙岗这里停的也全部是出租车，没有人组织。第二天，政府就担心了，深圳毕竟是一线城市，机场、口岸、码头、火车站、高铁站是对外的窗口，没有出租车怎么可以。当时所有出租车都停了，出来的也都是开车玩的，挂了一个'暂停'牌。所以，我说今年这次是深圳建市以来（出租车司机）最团结的一次，但是，我们不闹事，也不打砸之类。第三天看我们（早上）五六点还没出来，深圳分管交通的副市长马上出来，召集交委、各公司领导开会。"在理论上，出租车和网约车的矛盾并非不可调和。例如，可以通过将传统出租车"互联网化"来削减出租车司机的损失。事实上，平台公司也的确承诺将为出租车司机永久提供免费的在线匹配服务以缓解出租车司机遭受的冲击。但是，在出租车司机看来，由于平台为出租车提供的服务是无偿的，因而出租车永远是平台公司的"干儿子"，而网约车才是它们的"亲儿子"。出租车司机向我们反映，平台公司采取扭曲信息的策略来"打压"他们。一名出租车司机反映说："你一打开软件，如果叫出租车，它就要求你加调度费，不给就不叫车，这个是（平台）软件自己设置的，不是我们要求的，是它非要强制给我们的。钱是我们收，但比如它要求加15块钱调度费，给我们10块还是15块，我们也不清楚，但乘客就觉得贵了。很多人因为这个又去坐快车了。平台的说法是，加调度费是因为（钱少了）我们（指出租车司机）不接单。我们不接单一是因为客人多，二是因为高峰期堵车，（这样就）不容易叫到车。如果你在路边拦，还是叫得到的。比如，刚刚你如果不叫单，我从那边过来还是能拉到你。还有一个，它屏蔽我们，你在这里叫出租车，这附近本来有20辆，它就显示四五辆。你叫一下没有，它就跳出来一个页面让你叫快车。"总的来说，出租车司机反抗的"无组织化"从侧面反映出，管制网约车、维护出租车司机的权益已经成为大部分出租车司机的共同诉求。

第二，出租车公司资产价值流失。出租车公司也在这一过程中遭受了较大冲击。出租车公司的收入来自司机所交纳的规费，但其核心资产是它所拥有的出租车牌照。据一位出租车公司的老板介绍，其公司的长远发展高度依赖于出租车牌照在二手交易市场的升值预期。在市场对出租车牌照价值看好的情况下，出租车牌照会被当作质押物进行融资，支撑着背后复杂的汽车金融交易链运转。一般来说，城市中的若干家出租车公司之间有不言自明的"地盘分界"约定，这个隐形规则确保了每家出租车公司都能占据一定份额的市场，牌照的价值得以稳定。在前几年，由于这种被制造出来的总量和结构供需矛盾，出租车牌照在二手市场上的价格持续上涨。在市场高位时期，深圳12年年限出租车牌照在二手交易市场的成交价格可以达到近百万元。不少出租车公司正是在这个时候从二手市场上高价购入牌照、再高价转包给出租车司机的。网约车进入之后，依靠着大量补贴强势"瓜分"着出租车公司的市场，打破了原先的利益分配格局，导致出租车牌照市值迅速下降。出租车公司一方面遭受着现金流的压力，另一方面面临着闲置的车辆和出租车牌照转手困难的问题。一些出租车公司开始谋求转型，即将已有的闲置车辆租赁给司机从事网约车业务，以及试图和网约车平台公司合作，通过为其提供"线下服务"来分得一杯羹。

第三，威胁城市公共交通系统运行。在道路承载量有限的情况下，网约车的高额补贴吸引大量的私家车加入，致使城市道路资源过载。有司机向我们描述："平台大量补贴的那会儿，坐网约车比坐地铁都便宜，所有人甚至都不坐地铁、公交车了，这多可怕！"同时，媒体曝光了多起网约车司机"猥亵乘客""肇事逃离"事件，在社会舆论中激起了关于网约车行业"安全性"的讨论，对政府管制网约车施加压力。据平台公司管理人员的回复，从数据来看，网约车司机的事故率、犯罪率是远远低于出租车司机的，而网约车司机一旦出问题就被大肆炒作而出租车司机出了问题却不被公众所知，背后应有利益群体的操控。我们无法获取有关网约车司机事故率的准确数据，因而难以查证这位管理人员所说是否属实。但是，这在总体上反映出网约车扩张后引发社会上其他利益群体不满的事实。

2016年7月，国务院办公厅印发了《关于深化改革推进出租汽车行业健康发展的指导意见》（国办发〔2016〕58号），交通运输部等七部委联合发布了《网络预约出租汽车经营服务管理暂行办法》（简称《办法》）。《办法》要求网约车合法合规运营，必须人、车、平台"三证合一"。"三证"分别为"网络预约出租汽车经营许可证""网络预约出租汽车运输证""网络预约出租汽车驾驶员证"。政府的这一要求被称为"网约车新政"。《办法》对网约车的业务性质进行了定位，指出它与出租车并行作为城市出行服务系统的一部分，与出租车相比，应当做到"高品质服务，差异化经营"。《办法》要求对从事网约车运营的主体设置一系列标准，如从事网约车运营的车辆应当比照营运车辆执行60万千米或8年强制报废制度，并应具有经营许可证，包括与司机身份相关的许可和与车辆相关的许可。

比照前一时期下发的关于"新经济""共享经济"的文件来看，中央政府对待网约车的监管政策有所收紧，提出了比照出租车行业规范管理网约车公司和司机的要求。正如上文所提到的，一方面，中国经济增速放缓，"新经济"被认为是潜在的经济增长点；另一方面，当时中国启动了"去产能"调整计划，一批工业企业被改制或责令关闭，出现了一批下岗失业人员或就业不足人员，以网约车为代表的平台型就业被认为是重要的就业吸纳渠道。此外，城市出租车行业存在相关利益分配固化的现象，导致改革举步维艰。因此，政府希望引入网约车竞争来"倒逼"传统出租车行业改革，促进传统出租车行业转型升级。有关文件提出，应当"抓住实施'互联网+'行动的有利时机，坚持问题导向，促进巡游出租汽车转型升级，规范网络预约出租汽车经营，推进两种业态融合发展"。在这个背景下，"提供就业机会"、支持"便捷出行""品质出行"是平台型企业向中央和地方政府游说、争取政策红利的主要论点。[①]

针对上述要求，在《办法》中并没有找到明确规定这些"准入标准"的具体内容。《办法》要求各省（自治区、直辖市）根据自身情况制定具体的实施规则。也就是说，中央层面的"网约车新政"仅粗略地规定了网约车的社会定位，实质上给各地政府留下了极大的自由裁量空间。

地方政府需要进行社会维稳、运力控制、维护公共交通体系正常运行等多重目标的平衡，其中涉及多方主体的利益。第一，出租汽车是城市综

---

① 参考《滴滴回应北上深网约车经营服务管理办法征求意见稿》（详见 https：//www.sohu.com/a/115613785_296780），亦从对P平台在深圳、泉州、成都的政府关系部门人员访谈中获知。

合交通运输体系的组成部分，是城市公共交通的补充，应当确保运力的稳定、服务的安全性和管制数量以适配道路的承载能力。地方政府可以控制出租车的总体数量，但无法直接介入对网约车运力的调控中。第二，出租车司机罢运行动引起了地方政府的重视，地方政府亟须平衡包括出租车公司、出租车司机在内的多方主体的利益，维护社会稳定，避免群体性事件发生。第三，回应中央政府对"倒逼"传统行业升级、融合发展，同时稳增长、保就业的要求。

不同城市因为社会、经济背景和发展定位不同，在这些目标的侧重点上有所差异。例如，北京市政府更多地考虑到网约车发展和"疏解非首都功能""限制超大城市人口规模"等目标的协调性。可以说，发展网约车这一总体目标遭遇了地方政府多样的目标约束。以上这些目标的权衡结果体现在地方政府制定的网约车管理细则上。从2016年10月起，各省（自治区、直辖市）相继出台针对网约车运营的准入标准，包括与车辆相关的标准和与司机相关的标准。不同城市制定的准入标准也不同。例如，北京市制定了非常严苛的准入标准。《北京市网络预约出租汽车经营服务管理实施细则（征求意见稿）》规定网约车司机及其车辆需满足户籍（要求本地户籍）、车牌（要求"京牌"）、车辆排量（要求排量在2.0L/1.8T以上）、轴距（要求轴距超过2 700mm）等标准才可从事网约车经营业务。这可能是因为北京市一直试图控制在京常住人口数量，疏解低端服务业和非首都功能。在这个背景下，大力发展网约车显然和地方政府对这个城市的定位不符。另外，北京市出租车行业是解决京籍人口就业的重要渠道之一，也是地方政府的收入来源之一。地方政府显然也不愿意被网约车切走蛋糕。上海市与北京市遥相呼应，在地方细则征求意见稿中给出了最严监管的信号，暗示对网约车的监管要向出租车监管模式靠拢。还有一些城市所设置的准入标准则较为宽松。例如，深圳市规定网约车司机和车辆满足

"具有深圳户籍或持有有效的《深圳经济特区居住证》^①" "3年以上的驾驶经历" "燃油车轴距在2 700毫米以上且排量在1.8L以上（纯电动车轴距在2 650毫米以上，混合动力车轴距在2 700毫米以上）" "车龄小于2年且深圳本地注册"即可。同时，深圳也对2016年12月28日之前已从事网约车服务的司机和车辆设置了3年的缓冲期，即在下面两种情况下达不到要求的车辆和司机可以从事网约车服务：其一，排量在1.6L以上且车龄为2年以内的燃油车（或轴距在2 650毫米以上、纯电驱动状态下续航里程在50千米以上的混合动力车）；其二，未持有居住证，但申请参加网络预约出租汽车驾驶员从业资格考试且考试成绩合格的司机。成都市的准入标准也较为宽松，要求司机通过犯罪记录筛查、具有本地居住证即可。

自此，中国出行市场"平台化"转型的曲目告一段落。从它的演进过程中我们可以看出，工作组织方式的转换并不能用单纯的经济效率原则来解释，也不宜理解为资本积累的结果。针对前一种观点，如果按照经济效率的逻辑，我们无法解释为什么技术因素偏偏在这个时点才发挥作用，而不是早一点或晚一点。针对后一种观点，我们发现，除了资本之外，政府在行业发展和工作组织的转变中扮演着不可或缺的角色。网约车的快速扩张和中央政府的"审慎宽容"态度息息相关。更重要的是，平台型企业的发展策略在某种程度上决定了工作方式转型的路径。事实上，易到用车最早实践了网约车模式，但它专注于高端商务用车，而未涉足被监管的出租车行业，从而没能快速地推广网约车这种出行模式，也没有带来后续的一系列发展故事。

---

① 深圳常住人口以外省移民为主。办理《深圳经济特区居住证》，要求办理人：第一，在特区有合法稳定居所。非深户籍人员自办理居住登记之日起至申领居住证之日止，连续居住满十二个月的，视为有合法稳定居所。第二，在特区有合法稳定职业。非深户籍人员自办理居住登记之日起至申领居住证之日止，在特区参加社会保险连续满十二个月或者申领居住证之日前二年内累计满十八个月的，视为有合法稳定职业。相较于北京市的落户政策，这一标准宽松得多。

表3-1总结了2012—2016年主要出行平台大事和融资情况。

表3-1　　　2012—2016年主要出行平台大事和融资情况一览

时间	政府政策	滴滴出行		快的出行		其他平台
		事件	融资情况	事件	融资情况	
2012.6				快的打车在杭州上线		
2012.7					天使轮70万元人民币	
2012.9		滴滴打车在北京上线				
2012.12			A轮300万美元(金沙江创投)		天使轮数百万美元	
2013.4		与北京两大出租车调度中心达成战略合作	B轮1 500万美元(腾讯、经纬中国)		A轮400万美元(阿里巴巴)	
2013.5	深圳、北京发文要求卸载打车软件,认为其扰乱传统出租车行业秩序,加价叫车导致"黑车"进入行业(叫停非禁止)					
2013.11				收购大黄蜂打车;阿里巴巴准备上市,阻碍滴滴融资;阿里巴巴宣布将连同其他投资人注资上亿美元		

时间	政府政策	滴滴出行		快的出行		其他平台
		事件	融资情况	事件	融资情况	
2014.1		与腾讯达成战略合作,开启微信支付打车费补贴活动;腾讯旨在推广上线4个多月的微信支付,挑战支付宝垄断地位	C轮1亿美元(中信产业基金6 000万美元、腾讯3 000万美元,其他机构1 000万美元)			
2014.2				联合阿里巴巴在支付宝补贴,表示永远比同行补贴额度高出1元钱		
2014.3	时任交通运输部部长杨传堂在十二届全国人大二次会议开幕会上表示,将对打车软件进行规范					
2014.4		和快的展开补贴大战,最高峰日补贴4 000万元人民币		和滴滴展开补贴大战,最高峰日补贴3 000万元人民币	B轮数千万美元(经纬中国、阿里巴巴)	
2014.5		启动和快的的谈判,补贴暂停;市场占有率为68.1%		启动和滴滴的谈判,补贴暂停;市场占有率为30.2%		

时间	政府政策	滴滴出行		快的出行		其他平台
		事件	融资情况	事件	融资情况	
2014.7	交通运输部发布《关于促进手机软件召车等出租汽车电召服务有序发展的通知》。通知要求,各地方交通运输主管部门要加快推动城市出租汽车服务管理信息系统与手机软件召车服务系统实现信息共享和互联互通,逐步实现对出租汽车电召服务的完整记录、及时跟踪和全过程监管			专车业务(一号专车)上线		
2014.8		专车上线				
2014.10					C轮融资1亿美元以上(老虎基金)	优步中国推出私家车从事网约车服务(人民优步),进入7个城市。此前和汽车租赁公司合作主推高端商用车
2014.12			D轮7亿美元(淡马锡、DST、GGC、腾讯)	一号专车宣布进军企业级市场		百度投资优步中国6亿美元
2015.1	2015年第1周,沈阳、青岛、南京3座城市分别发生不同程度的出租车停运事件。这类出租车停运事件中,出租车司机们将主要诉求集中在了打车软件上 1月8日,交通运输部发布《全面深化交通运输改革的意见》,要求网约车必须为租赁车辆,私家车不得参与运营	开启和快的的合并谈判		开启和滴滴的合并谈判	D轮融资6亿美元(软银、阿里巴巴、老虎基金)	神州租车进入专车市场,租赁汽车、雇用司机
2015.2		合并快的				

时间	政府政策	滴滴出行		快的出行		其他平台
		事件	融资情况	事件	融资情况	
2015.4	"国内专车第一案":私家车驾驶员陈某使用滴滴出行软件接送乘客被罚款,陈某提起诉讼,济南市市中区人民法院判陈某胜诉					
2015.5		推出快车业务	E轮1.42亿美元(新浪微博)			
2015.7	上海市交通委员会主任孙建平对媒体公开表示,希望专车和顶灯出租车、租赁车形成优势互补、和谐共处的新格局被称为专车新规的《网络预约出租车经营服务管理暂行办法》也有呼之欲出之势	推出代驾、巴士业务	F轮30亿美元(中投、阿里巴巴、腾讯等)			
2015.10	上海市交通委员会正式宣布向滴滴快的专车平台颁发网络约租车平台经营资格许可,滴滴快的也成为国内第一家获得网络约租车平台资质的公司。资质有效期为1年 交通运输部对外发布《关于深化改革进一步推进出租汽车行业健康发展的指导意见(征求意见稿)》和《网络预约出租汽车经营服务管理暂行办法(征求意见稿)》					

时间	政府政策	滴滴出行		快的出行		其他平台
		事件	融资情况	事件	融资情况	
2016.7	国务院办公厅印发《关于深化改革推进出租汽车行业健康发展的指导意见》;交通运输部等七部委联合发布《网络预约出租汽车经营服务管理暂行办法》					
2016.8		合并优步中国;市场占有率超过90%				
2016.10起	各省(自治区、直辖市)相继出台针对网约车运营的准入标准					

资料来源:①甘开全.滴滴程维:在巨头阴影中前行 [M]. 北京:新世界出版社,2017.②国泰君安证券研究资料.③"天眼查"网站企业档案.④滴滴出行IPO招股说明书.

第4章
平台型工作的演进过程——P网约车平台个案考察

本书选取P网约车平台（简称P平台）作为研究个案。P平台是中国较早发展起来的互联网工作平台之一，也是用户规模大、劳动者多、资本估值高的平台之一。但是，本书选择它作为研究个案并不仅仅是从规模方面考虑的，还有它作为平台型组织在商业模式、业务结构、劳动组织方式等方面的代表性。它是典型的"灵活工作平台"。在契约安排方面，劳动者与平台不签订雇佣合同，双方不做有关工作时长、工作质量等方面的承诺。从理论上讲，劳动者进入、退出平台是完全自由的。作为参与主体，网约车司机在人口统计学特征、工作动机、工作时长等方面具有较强的内部异质性，他们工作地点流散分布，和平台之间不具有正式的工作组织关系。这都和传统组织中的雇佣关系有所不同。

4.1 方法说明

为了了解平台型工作形成和运行的具体细节，本书主要采用定点田野调查的方式收集数据。田野调查主要分为两个阶段：2016年10月到12月，在北京市和深圳市开展；2017年4月到6月，在P平台公司总部、泉州市和成都市开展。除此之外，在研究的整个过程当中，我也利用日常乘坐网约车出行的机会对司机进行随机访谈，这部分随机访谈的时间、地点都较为分散。

2016年10月，我第一次进入"田野"。在进入之时，我对于这份工作如何开展并没有清晰、具体的概念。我所获得的知识仅仅来自平台软件上的操作说明以及我自己的使用体验。因此，起初我对司机的访谈和观察是"无结构"的。这也意味着我没有放过任何出现的显著现象。调研以随车访谈的方式开始，正是在这个过程中，我发现司机频繁提到"租赁公司"。在此之前，我以为网约车业务仅仅存在"平台"和"独立合同工（司机）"这两个主体。一个有形的组织——租赁公司——的存在引起了我的兴趣。在接下来的调研中，我重点就租赁公司的相关信息进行询问，并联系到租赁公司的工作人员进行访谈。

2017年4月进行的访谈要正式得多。由于当时我所在的课题组承担了P平台公司的就业研究课题，我得以有机会深入到P平台公司内部，对相关业务条线的管理人员进行访谈。除此之外，在P平台公司的协助下，我在泉州和成都两个城市联系到了更多的网约车司机、租赁公司的管理人员。由于出租车行业与网约车行业关联密切（Chen，2018），在这些城市中，我还访谈了出租车司机以及出租车公司的老板或管理人员等，目的是了解网约车对出租车行业和出租车司机工作的影响。在征得被访谈人同意后，我对部分访谈进行了录音，并在访谈结束后将其整理为文字，同时记录下我所观察到的其他细节。在随机的乘车访谈中，我在手机记事本中记录下关键信息，或者下车后凭记忆将信息整理在文档中。在整个过程中，总共有40名网约车司机、10名出租车司机、4名租赁公司代表、2名出租车公司代表、8名P平台公司管理人员接受了访谈。实践理论视角要求研究者追溯在一段时间之内事情的发展过程（Ranson et al.，1980）。尽管本研究的调研时间线跨越了将近10个月，但这对于考察工作的重构过程来说是远远不够的。因此，我在访谈中加入了时间线索，询问了被访谈者的家庭状况、先前的工作经历、最初选择开网约车的原因，以及在几个重要节点所做选择背后的考虑等。

主要的访谈问题如下：

①对于网约车司机，我重点询问了"在开网约车之前从事什么工作""为什么选择开网约车"，以及开网约车之后的种种经历。如果该网约车司机和租赁公司有所联系，我会重点询问他与租赁公司建立联系的原因、过程、日常的互动情况，以及对租赁公司管理和服务的体验与评价等。我遇到的大部分司机非常健谈，他们很愿意分享自己的故事，因而提供的信息大大超出了我提问的范畴。在倾听的过程中，我也获知了不少自己先前未曾想到的问题的信息。

②对于租赁公司管理人员（由于租赁公司基本上是小规模的私人企业，因此接受访谈的都是租赁公司老板），我重点询问了他们最初与P平台公司合作的原因和具体过程，例如签订了怎样的协议，需遵守什么样的规则，能得到怎样的回报，以及公司的业务模式和盈利模式、管理司机的方式、管理过程中遇到的问题等。

③对于出租车公司老板或管理人员，我重点询问了该城市出租车运营模式、出租车牌照获取相关细节（如政府拍卖、二级市场流转、司机承包等）、司机招募、司机管理模式、网约车进驻后对出租车行业的影响等。

④对于出租车司机，除了向他们了解承包牌照、工作过程、与出租车公司的关系等与日常工作相关的细节之外，我重点了解了网约车进入当地

出行市场之后他们感受到的冲击，以及他们针对此所做出的行为反应等。

⑤对于P平台公司的管理人员，我具体询问了他们所在部门的主要职能、出台特定规则背后的考虑，以及这些规则的执行效果、后续调整过程等。对P平台公司管理人员的访谈对于本研究极为关键。

由于访谈渠道受限，大部分针对平台型工作的研究都没能涵盖有关平台型企业的一手信息，因此这些研究往往很难详尽地描绘相关行为主体的决策考量和决策过程，进而难以呈现出事情发展的翔实过程。由于平台型企业的盈利模式和传统企业有所区别，且在劳动组织上具有显著的松散性、灵活性特点，主体之间的利益博弈成为工作重构的重要推动力。这也使得整个过程具有"非决定性"特征。因此，获得平台型企业方面的一手信息对于了解这份工作的演进过程和演进机制、判断其核心性质至关重要。

除了访谈之外，我还通过以下几个渠道获取经验材料：其一，我关注了平台公司、租赁公司的微信公众号，从公众号发布的文章中了解其发展动态；其二，我通过微信搜索的方式加入了两个网约车司机的微信交流群，分别是全国性的司机交流群和深圳市网约车司机交流群。值得一提的是，在这一时期出现了一些为网约车司机服务的自媒体，他们以撰写微信公众号文章、组织司机微信群的方式活跃在微信公众平台之中。我所关注的"第一网约车"公众号就是其中之一，它组织了若干司机交流群，既有地域性（如深圳市、东莞市）的司机交流群，也有跨区域的司机交流群。微信群中的司机较为庞杂，他们来自不同的地区、工作于不同的网约车平台、从事不同类型的服务（既有档次较高的"专车"、经济型的"快车"，也有更接近"共享出行"的"顺风车"）、具有不同的工作强度（既有专职司机，也有兼职司机，还有活跃度较低的"零工"司机）。与面对面的访谈相比，微信群为我提供了"内部人"的视角，使我得以了解他们的真实生活。其三，我从互联网上收集了相关的政府政策、经验研究论文和新闻报道，例如财新网发布的深度调查报道等。这些为我提供了诸多细节作为补充，帮助我梳理事情发展的整个脉络。

在下一小节，我将按照以下的逻辑来组织材料：①主体所处的情境是怎样的，在这种情境下的意图是什么，是如何对规则进行阐释的；②主体的行动是怎样的；③形成了怎样的结果。在实践理论视角下，本书会同时关注平台公司一方和劳动者一方的行为，并且不限制其他主体的出现，因为正是后者创造了前者行动的空间，反之亦然。但需要声明的是，我对阐释和实践之间不附会因果联系。与实践理论的主张一致，这里强调的是实践逻辑而不是形式理性逻辑。

4.2　P平台工作的演进

正如布迪厄所强调的，"每一项研究工作都同时既是经验性的，即它面对的是由可观察的现象组成的世界，又是理论性的，即它必须构思有关现象所具有的根本关系结构的假设，而这些关系结构正是各种观察所欲加以把握的对象"（布迪厄和华康德，1998）。本书并不是使用某一个理论视角来"剪裁"经验事实，以支撑前者的有效性，也不是全然从一个经验中的个案出发，试图从中洞察出某种理论层面，尤其是元理论层面的真相。在研究过程中，我经历了在理论和经验材料之间不断穿梭的过程。不带有理论预设的纯经验层面的观察为我选择理论视角提供了参考，促使我反思不同理论中假设的有效性；而理论如同我的手杖，引导着我去探索经验层面容易被忽视的现象。

在分析P平台的劳动过程（劳动策略）时，必须将P平台放置在行业变迁的宏观情境下来理解。本章的任务是分析在不同的市场结构、劳动力市场特征、政府所主导形成的制度环境下，平台型企业面临的主要挑战是什么，它是如何调整其劳动策略来适应改变的环境的，以及平台的策略如何影响平台型工作的组织形态。下一章将考察网约车司机的实践，分析司机的实践是如何支持平台型工作规则的再生产的。

4.2.1　通过高额补贴聚集"流量"

我国城市道路资源有限，地方政府为使出租车与公共交通等客运服务协调发展，将出租车纳入了政府监管范畴，具体体现为控制出租车总量和设置"政府指导价"。经营出租车业务需要获得当地政府颁发的出租汽车经营许可，即"出租车牌照"。出租车公司通过参与政府拍卖或二手市场交易的方式获取牌照。

在出租车司机管理方面，从我所调研的四个城市来看，可分为雇佣模式和承包模式两种。在雇佣模式下，出租车公司购买营运车辆后招募司机，司机按天或按月向公司交纳"管理费"（也称作"规费""份子钱"），并与公司签订雇佣合同，公司为司机缴纳基本社会保险。也有一些城市（如深圳市）的出租车公司为司机发放不低于城市最低工资的"固定工资"。实际上，不论是"社会保险"还是"固定工资"，这部分支出都是从"份子钱"里扣除再"返还"给司机的。承包模式又可以分为"个人买车，从公司按月租赁营运牌照"和"个人买车，承包营运牌照"两种。在承包模式下，司机与公司在形式上签订了雇佣合同，但这种合同并没有实际效力，公司不为司机缴纳社会保险和提供雇佣合同规定的一系列保障。因此，不论是哪一种模式，对于出租车司机来说，开出租车本来就是一份没有保障的工作。他们自认为和"个体户"没什么区别，同样需要自行承担市场风险，并且要交纳高额且固定的"规费"。

由于城市出租车牌照总量受当地政府控制，出租车供给有限且供给弹性较低，时常无法满足市民的出行需求。以深圳市为例，2016年，出租车保有量仅1.78万辆①。这一供给量对于深圳这座千万级人口城市来说是

---

① 深圳市巡游出租车运力数据引自：深圳市交通运输委员会.2016年深圳市综合交通年度评估报告［R/OL］.［2020-11-20］. http：//jtys.sz.gov.cn/pcjt/jbqk/yytj/201709/P020171115562961369723.pdf.

不足的。这一痛点更体现在供需结构方面。在早晚通勤时段、恶劣天气、道路条件不佳等情况下，"打车难"问题非常严重。出租车司机为了避免空驶返航，常常会拒绝去往偏远地段或郊区乘客的用车需求。因此，在这些区域，不具备营运牌照的私家车（一般被称作"黑车"）载客现象非常普遍。"黑车"游离在监管体系之外，司机、乘客常因服务价格产生纠纷，双方的基本权益都无法得到保障。

另外，由于出租车公司的收入主要来自司机交纳的"规费"和围绕出租车牌照所经营的金融类业务，如果地方政府不介入，它们往往没有积极性去主动管理司机的服务质量。这就导致一些城市出租车服务质量饱受诟病，广泛存在"不打表"、故意绕路以及不按照政府指定价格收费等问题。

P平台就是在这种背景下进入出行市场的。P平台改变了传统的出行模式。一是在打车方式上，它以"在线叫车""在线匹配"作为传统的"道路巡游""招手打车"模式的补充。乘客通过手机客户端将"出行需求"发布到软件平台上，由平台将需求与在线的司机进行匹配。一开始，P平台使用的算法极为简单，可以概括为"先到先得"的逻辑：平台将乘车需求同时发送给该乘客周围一定距离内的所有在线的司机，第一个"抢"到订单的司机得到这个订单。P平台在软件内嵌入了道路导航系统来辅助司机完成订单。在订单执行期间，司机的行驶轨迹都可以实时显示在软件界面上。当行程结束，平台自动结算订单价格，引导乘客进行支付。在乘客支付的费用中，平台扣取20%左右作为信息匹配费用①，其余进入司机的个人账户。司机可以在规定的时间从个人账户中提现。二是在车辆来源上，尽管P平台从免费为出租车司机提供在线约车服务起步，但随着政府监管政策的持续放松，尤其是在2014年10月，优步中国推出面向私家车的平价打车产品"人民优步"但未受到严格监管之后，P平台开

---

① 平台"抽成"的比例在持续调整，但早期一般维持在20%左右。

始大力招揽私家车接入平台。它通过高额补贴吸引私家车上路为乘客提供有偿服务。在当时，这一经济形式被平台公司称为"分享经济""零工经济"，迅速被市民认可。鉴于政府在当时尚未出台针对这种出行方式的管制政策，网约车撬动了先前被行政力量所垄断的市场，大大提升了车辆的供给量。

在大城市，人们对于工作日出行高峰期交通拥堵问题的负面感受非常深刻，而私家车空载上路被认为是造成这一问题的重要原因之一。因而，人们认为，把车辆中闲置的座位"分享"出来是节约能源、降低污染、缓解交通拥堵的可行途径。对于一部分"上班族"来说，利用软件接单可以提高车辆的使用效率，赚取额外收入补贴家用。相当一部分司机并不是职业司机，他们因为打车软件的出现才开始间断从事有偿载客的工作。这些司机对于自己身份的认知介于"分享者、尝新者"和"盈利者"之间，服务态度往往较好。乘客也将司机看作"分享自家车辆"的兼职车主而不是单纯为了赚钱的司机，在言行当中多了一分尊重。因此，在这一时期大多数平台用户反馈"网约车比出租车服务要好"。从"路边等车"到"在线约车"，乘客减少了搜寻、等待的时间，提升了出行体验。另外，平台软件能够自动记录行驶轨迹、自动结算价格，在一定程度上做到了清晰透明，避免了司乘矛盾。最重要的是，由于平台公司的大量补贴，乘坐网约车出行的费用大大低于乘坐出租车的费用，甚至接近于乘坐公共交通的费用。不少乘客感受到，网约车便宜、高效，且司机的"服务态度"比出租车司机要好得多。乘客认为"网约车解决了社会痛点，既然帮助社会解决了问题，那一定是有发展空间的"。不论是平台公司的员工还是乘客，他们大都对"共享经济"表现出了美好的期待。P平台公司的一位员工和我们分享了她与同小区居民"共享出行"的体验："深圳和北京不一样，北京是四四方方，深圳是长条儿的。我家住在龙岗，工作在南山，一东一西，坐地铁非常不方便。我们小区刚好有几个人和我有同样的情况，我现在就在软件上拼顺风车，反正就是那几个人，不坐你的就坐他的，便宜还方便。"在地铁的广告屏幕上，时常出现"奔驰、宝马车主开网约车""加入分享经济月入过万"等话语。2016年6月，在与P平台公司员工的交谈中，我可以感受到他们对于"职业经济""雇佣关系"等词是非常忌讳的，而是强调平台的"共享"属性，强调大量的零工司机、兼职司机加入才是平台的生命力所在。

在国家政策层面，我们可以从国家信息中心在2016年2月发布的《中国分享经济发展报告2016》中窥见政府在当时对这一业态的态度。报告提出，"分享经济是指利用互联网等现代信息技术整合、分享海量的分散化闲置资源，满足多样化需求的经济活动总和……是信息革命发展到一定阶段后出现的新型经济形态，是连接供需的最优化资源配置方式，是适应信息社会发展的新理念"。报告提出了分享经济的六大特征，即"技术特征是基于互联网平台、主体特征是大众参与、客体特征是资源要素的快速流动与高效配置、行为特征是权属关系的新变化、效果特征是用户体验最佳、文化特征是'不求拥有，但求所用'"。可见，"分享闲置资源"、"优化资源配置"、提倡"使用权高过所有权"的权属关系是政府在当时对以网约车为代表的"平台经济"的理解。这也就可以解释彼时政府对网约车行业较为松弛的监管态度。

平台型企业具有"多边市场"的属性。也就是说，能否在交易两端或多端吸引足够多的用户量，进而形成正向的交叉网络效应是平台的生命力所在。在这种商业模式下，平台型企业可能并不单纯地指向现期盈利，而是靠积攒了足够多的流量之后垄断市场交易机会盈利。同时，平台不一定从某一固定的业务端盈利，而是可能依托流量所带来的衍生资源（如数据）开发出新的产品而盈利。但不论怎样，提升"流量"是平台发展的必备条件。为此，P平台的主要策略是通过为用户提供补贴来吸引用户。一开始，它通过派发小礼物如充电线、小额现金补贴的方式鼓励出租车司机使用打车软件、引导乘客使用软件叫车。后来，更多的补贴被投放在了接入平台的私家车车主上。尽管平台在名义上扣除订单总价的20%作为信息服务费，但算上各种补贴，司机拿到手的收入会达到订单价的1.5倍到

1.75倍。在乘客端，平台也提供了大量补贴来提升乘客的使用率。这样一来，乘坐网约车的费用大大低于乘坐出租车的费用，甚至接近于公共交通服务的价格。

缘于对中国出行行业痛点的共识，城市出行行业的庞大体量、丰富的潜在衍生业态和支付场景，以及松弛的政府监管，平台型企业迅速成为资本市场的宠儿。2014—2015年，"网约车平台"成为炙手可热的领域，同期出现了若干个同质的网约车平台。这些平台之间在抢占市场流量上形成了激烈的竞争关系，为了争夺市场上演补贴大战。在全球风险资本的加持下，据统计，截至2016年7月，各网约车平台总共"烧掉"了300多亿元。[①]

在"烧钱策略"下，P平台的用户量大大提升。随着平台流量的增加，其在资本市场上的估值也迅速攀升。在这一阶段，我们发现，司机通过同时挂靠多个平台增加收入、降低收入的不稳定性。许多司机会在车上安装两部手机，开启多个网约车软件同时接单，以提高接单率。他们也会通过比较平台给予的补贴力度而选择更合适的平台进行接单。由于平台公司管理规则尚未完善，这个时期也存在司机"刷单"、制造"虚假订单"来骗取平台补贴以及进行线下交易等情况。

4.2.2 "算法控制"

（1）"线下产业链/生态圈"和司机群体构成变化

2015年以来，P平台通过提供高额补贴和极具竞争力的收入，已经吸引到了上千万的司机注册使用。除了携已有的私家车兼职加入外，越来越多的人被平台的高收入吸引，开始专职开网约车。由于积蓄有限或担忧因尚不明朗的管制政策带来的从业风险，不少司机选择租车从事网约车业务。这样一来，各地的汽车租赁公司渐渐在网约车业务链条中扮演重要角

[①] 屈运栩，郑丽纯，刘晓景，等. 网约车监管冲击波 [J]. 财新周刊，2016（43）.

色，成为主要的车辆供给源。尤其在对外地牌照上路有所管制且本地牌照不容易获取的城市，司机从租赁公司租赁车辆和本地牌照开网约车的做法更加普遍。

通过访谈司机和租赁公司的代表，我发现当时网约车市场已不仅仅是网约车平台撮合交易的市场，还形成了非常活跃的线下"产业生态圈"，具体体现为"汽车销售—汽车金融服务—租赁公司招募司机—网约车司机以租代购或租车获得车辆—网约车司机开展网约车服务—租赁公司协助平台管理司机—二手车处理"等多个环节。汽车租赁公司是在这个产业生态圈当中和司机直接对接的主体。这些租赁公司最早从事传统汽车租赁业务。在网约车模式兴起之后，租赁公司开展针对网约车的融资租赁业务，为希望从事这份工作但没有私家车、没有本地牌照或不愿将私家车用作营运的司机提供车辆租赁或购买服务（含"以租代购"），这完全属于针对车辆的交易，与平台公司没有直接关联。

在网约车市场快速扩张的时期，平台的核心运力有很大一部分来自这条产业链提供的服务。正如成都的一位租赁公司负责人所介绍的："（在当时）许多人要开网约车，（连买车的）首付款也付不起，也是我们给付的，只是月供会高一点。"在汽车租赁公司这个"前台"背后，通过市场配置资源，这一产业生态圈包含了汽车销售、汽车金融、车牌转让、网约车服务、运营管理、二手车处理等几大细分市场，在链条上的每个环节都有着明确的市场规则。

这条产业链既是市场自发形成的，也是网约车平台积极推动的。为了在短期内迅速扩大其用户规模，P平台委托当地租赁公司为其招募网约车司机，并对此提供"提成"奖励。如果招募的司机月均工作量达到了一定标准，P平台还会为租赁公司提供"返点"奖励。在业内，这被称为"拉新"。据一位租赁公司负责人介绍，P平台在奖励方面比较慷慨。在业务最好的时候，他的公司曾一个月拿了40多万元的平台奖励，因为"（一个月就）招到了几千个司机，而且司机招得很好"。对于在城市中经营多年的租赁公司来说，利用其已有的社会网络招募司机相对容易，成本不高。一位成都的租赁公司负责人回忆："最开始，P平台打电话给我，（P平台）对我来说很陌生。他们跟我说这个是和运输行业打交道的东西，又是互联网。我不懂。他们说'这个东西能赚钱'，我说'好啊，能赚钱，怎么做？'（他们）说招司机跑平台。我想很简单啊，因为我是做传统租赁的，所以还比较容易做，但怎么招，能招多少啊，我心里也没底。最后到平台的（司机）就成千上万了，（平台）就开始和租赁公司分流水了。"在平台利润分成的激励下，各地租赁公司积极与平台建立联系，承担司机招募和司机管理的职能。

很显然，这一产业链所带动的更多是专职司机的加入，平台司机的构成逐步发生转变。大量全职司机进入使得这项工作在实践运行中与巡游出租车的职业运营模式日益接近，离平台最初所宣称的共享精神越来越远。

（2）"派单制"和"服务分"评价系统

同一时段，P平台成功地收购了其在国内的主要竞争对手，此前激烈的"价格补贴战"也因这项收购而有所冷却。在这一时期，P平台整体适当下调了司机端和乘客端的补贴幅度。同时，P平台出台了绩效管理制度，主要体现为业务规则和算法方面的几项调整。第一，派单模式由"抢单制"改为"派单制"。"派单制"是指乘客所发出的乘车需求由平台统一处理，自动指派订单给附近的某一个司机，代替之前多个司机"先抢先得"的规则。第二，平台上线了"服务分"评价系统。"服务分"由完成订单量、乘客投诉、有责取消以及乘客评价等方面的指标计算而成，它被视作司机历史服务质量的表现，在打车软件中显示在司机个人头像的下方。第三，将"服务分"评价结果与派单系统相关联。在与乘客距离相同的前提下，司机的"服务分"越高，被系统指派到订单的可能性越大。这些调整一方面是为了防止司机的"多属性"（multi-homing）行为，即同时栖息于多个平台接单，平台试图以这种方式鼓励司机只在本平台接单，提高司机的忠诚度；另一方面是平台试图在订单分配过程中占据主导权，因为掌握派单权就相当于获得了控制司机工作行为的渠道。第四，以浮动抽成代替固定抽成。过去，平台采用固定抽成方案，平台抽取乘客所支付车费的20%左右后将车费打入司机的账户。调整后，平台抽成总额度基本保持不变，但根据订单特征的不同有所波动。例如，平台对司机端起步距离的订单和长距离的订单的抽成比例不再相同。另外，乘客支付的车费不再直接打入司机的账户，而是执行司机端账户和乘客端账户分离管理的策略。这样，乘客支付的车费和司机收入之间的差额不再是订单总额的20%左右，而是持续波动的。据P平台管理人员解释，抽成比例是根据后台大数据动态调整的，不存在一定之规。

将平台公司的规则调整解读成平台为了盈利而加强劳动过程控制是过于简化的论断。通过对P平台公司内部人员的访谈，我认为，这是他们在对"出行市场"进一步了解的基础上重新思考自身定位的结果。打车平台的成功高度依赖于用户规模，一旦规模无法维持，就将直接影响平台的算法准确性，进而影响派单效率和平台自身的商业价值。在发展初期，由于需要与其他平台竞争市场份额，P平台采用了粗放的"烧钱补贴"方法，这催化出了过热的出行市场。在获得市场垄断地位之后，P平台的首要目标是在财务预算减少的条件下持续吸引用户和留存用户。换句话说，P平台希望通过打造"核心司机"的队伍，制造专职司机和零工司机的工资率差异来逐渐摆脱持续补贴带来的开支陷阱。

在运行的过程中，P平台发现控制司乘匹配过程是提升匹配质量、匹配效率和服务质量，从而最大化利用平台上的运力资源的可行路径。首先，他们认为，这是出行服务的特殊性质导致的。正如一位管理人员所说的，"出行是时效性较强的行业，这和货运物流等存在区别。对于物流，京东平台'当天达'就很快了，而出行等10分钟就很慢了，这导致了平台对效率的满足会更优先"。在这样的条件下，由司机和乘客占主导的抢单制不一定能带来最优的匹配结果，"明明500米之内有司机，结果2千米以外的司机抢单，这就形成了社会资源的浪费"。另外，在抢单制下，司机会做出"挑单"行为,以至于路途近的订单没人愿意抢,这些都会影响用户使用平台时的体验。

在派单制下,平台还可以通过统筹全局、优化运力资源配置来提升匹配效率。他们认为,"效率"并不只是时间和空间意义上的客观匹配效率,还是用户感受层面的"主观效率",这两者并不完全一致。一位管理人员举例说:"如果每个节点不考虑人的感性认知,(即使)派单效率最高,也不代表用户感受最好。比如,司机需求多元化,如果(他)想回家,那么(可以)优先派这个方向的单。但司机表达需求时受局限,(平台)肯定不能100%了解用户需求,有限需求信息上(的)派单不一定是最合适的。""效率"不能仅从单个订单来衡量,还应兼顾全局的资源配置。一位技术人员举例说:"最简单的一个例子,比如说我派给最近的司机订单,这是一个规则。做一段时间你会发现,派给最近的司机效率不高。假设我是司机、你是乘客,咱俩离得最近,但是附近还有一个司机,另外还有一个用户,他俩离得特别远。虽然咱俩离得最近,逻辑上应该把我派给你,但这样另一个司机接另一个乘客就会非常远,其实没有必要,还不如让我去接那个远的乘客(离我相对较近)。整个平台的效率应该更高,所以要学习怎么让整个平台效率更高。过段时间又会发现各种各样的因素同时会影响,你就要不断把规则加进去让机器去学习,不断优化。"除此之外,"效率"也包含司机的投入产出效率或收入效率。"一辆车每天就10个小时的有效时间,司机能赚1 000块、500块,或是200块,这个叫需求的满足。我下一个单,他接到我,这不叫满足需求,这叫一次交易成功。假设你是司机,在A平台一天只能做五六单,在我们平台能做四五十单,你选哪个?这就叫作效率的差异。"

其次,他们认为,出台"服务分"并将其与派单系统相关联是和司机群体的特点相关的:相当一部分司机希望在平台上获得更多收入,甚至将网约车作为主要收入来源,但他们不知道如何服务好乘客或如何通过提升服务质量来提高收入,因而需要平台公司来主动引导。一位管理人员这样说："司机这个群体太杂了。现在市场中服务不好，包括偶尔不好的司机量还是蛮大的。但是，中国市场又太大了，如果把服务不好的司机留下，对整个平台和对用户的体验都会造成不好的影响，如果把他们清退，会导致市场的运力越来越少，最终会发现整个市场的供给严重不足，对平台和用户的体验也不好。"所以，做出这项调整是为了提高平台司机的服务质量，对在平台上努力工作的司机进行激励。

通过这两项调整可以直接看出，P平台对于自身的定位逐渐发生了变化。它从最初提供"司乘匹配"、崇尚"共享经济"的平台转变为旨在"提供优质的出行服务"的平台，偏离了曾经的中性的"交易中介"定位。提升匹配效率、匹配质量，通过设计规则和算法保留"核心运力"成为其运营的核心要旨。在上线"派单制"和"服务分"规则之后，P平台随即进行了组织结构的调整，成立了从心理学和行为学角度对用户市场行为进行研究的部门。这些部门的主要任务是收集用户行为信息、司机劳动供给信息，推测乘客和司机的偏好，并与派单等策略部门联动将其内化到平台规则的设计当中，包括平台派单的机器学习规则、司机工作的评价规则、司机收入的决定规则等。这些规则和组织结构的调整标志着平台对司机的管理越来越"科学"和"精细"了。在收集了大量司机的工作行为数据之后，平台可以执行更为"个性化"的定价规则和司机管理规则。

通过对平台管理者的访谈，我们发现，平台管理者将"市场效率原则"应用到对平台和司机法律关系的认识当中。在"派单制"和"服务分"规则下，按照既有的劳动关系认定标准来看，平台的行为已经偏离价值中立的"信息中介"定位，而涉入对劳动过程细节的控制中。平台认为，市场机制自身带有优胜劣汰的功能，平台只不过是通过设计工作规则的方式实现了对这一市场功能的模拟，即奖励优秀者，惩罚落后者。

4.2.3　线下司机管理机构

2016年7月中央层面网约车管理办法出台后，各地纷纷启动了网约车管理实施办法的制定工作。截至2016年12月，大部分省（自治区、直辖市）的实施办法征求意见稿陆续出台完毕。各地网约车准入标准的出台对平台运力造成了较大冲击。根据P平台的测算，以北京市为例，如严格执行"实施细则"中涉及的所有标准，平台上符合标准的运力在注册司机总量的5%以下。因此，尽管已经存在相关标准，但如果依照标准强行禁止"不合规"的网约车上路，将对整体的城市出行服务供给造成较大的冲击。因此，标准执行的宽严程度往往取决于当地交通管理部门的执法实践。

平台公司是由乘客、司机构成的"双边市场"的组织者，维持司机端的运力稳定是它的商业模式得以有效维持之本。而"网约车新政"对平台上运力的稳定性造成了直接冲击，由于负向的"交叉网络效应"，平台运力的减少将直接导致乘客端数量的迅速下降，进而对平台的市场估值带来非常恶劣的影响。在这个背景下，P平台被迫在"维持运力""合规""维持其新业态身份（灵活就业）""控制成本"等多个目标之间进行权衡。一方面，比照有偿载客作为公共服务的属性，平台为了获得当地的经营权，必须符合地方政府制定的一系列要求；另一方面，作为互联网公司，平台需维持自身公司治理的优势，即通过多样化、差异化的治理方式（范围经济）来降低成本。由于"网约车新政"增强了网约车工作的"当地"属性，P平台具体做了几方面的应对。首先，调整软件和算法设计。当司机接到前往"危险"地段（如机场、火车站等）的订单时，平台客户端会播报预警信号，提示司机注意交通执法部门的"抓车"行为并合理地处理问题，比如"不要与执法人员起冲突，积极配合"等。其次，在组织管理方面进行调整。P平台将更多的司机管理职能委托给线下分包商，主要是当地租赁公司及部分出租车公司。由于各地政府部门执法情况不同，平台公司很难通过技术的手段获知实时的执法信息，并在派单方面做出调整。租赁公司虽然身处当地，但也不能实时掌握当地的执法情况。它们的优势是能以更低的成本和司机建立联系，在司机和平台公司之间扮演"中介"或"桥梁"的角色。

按照正常的流程，司机遇到工作相关问题（如交管抓车、司乘纠纷等）时需要拨打平台公司客服电话。据P平台管理人员解释，由于订单量庞大，即使投诉率在0.1%以下，平台对客服人员的需求也是巨大的，而且很难满足每一位司机的需求。尽管平台公司承诺，一旦司机因执行订单而被"扣车"或"罚款"，公司将弥补司机的财务损失，但这个流程涉及诸多细节，解决起来漫长而烦琐。在这种情况下，平台公司为租赁公司打开了"绿色通道"，租赁公司可以起到帮助司机和平台沟通的作用。平台公司和当地租赁公司签订"咨询服务合同"，租赁公司的职责是提高其名下司机的工作业绩和服务水平。当司机的工作绩效（主要包括服务时长和服务分）超过一定标准时，平台公司会给予租赁公司相应返点。但是，假若司机的工作绩效未达到平台公司的要求，平台公司也不会惩罚租赁公司。这就对租赁公司管理司机、提升司机劳动强度和服务水平产生了激励，同时打消了租赁公司的顾虑心理。在具体操作方面，平台公司在软件上将当地某家租赁公司的信息推送给司机，司机可以自由决定是否与该租赁公司建立联系，以及建立联系的密切程度。租赁公司定期为其名下的司机举办业务培训、安全知识培训、经验交流活动等。总体上，平台公司将租赁公司作为和"核心司机"建立联系、提供服务的渠道，来缓冲"网约车新政"给平台运力带来的冲击。

对比2016年末和2017年上半年的两次调研，我们发现租赁公司对司机管理方面的侧重明显加强了。在平台公司的话语中，"线下管理"逐渐被视作司机管理策略的重要组成部分。按照一位业务管理人员的说法，"（P平台）是互联网公司，要依托线下公司（交通运输公司、出租车公司），它们具备和司机打交道的能力，（包括）怎么教育司机、培训司机、安全驾驶，（怎么）更稳定地提供服务"。在"网约车新政"出台之前，平台公司一直强调自己"互联网公司"的身份定位，并且通过"互联网公司"的方式来进行司机管理、安全管理等。平台公司主要通过派发奖励、服务分考评等线上方式来管理司机，彼时其管理人员在交流中对线下管理是回避的，因为这将构成平台公司控制司机劳动过程从而双方被认定为"雇佣关系"的证据。一旦平台公司被判定为需要承担承运人责任，将大大降低平台公司的业务灵活性，大幅提高平台公司的运营成本，这是平台公司极力避免的情况。在国家层面通过"网约车新政"对平台的性质、网约车工作的性质进行了规定之后，平台公司为了在新的制度环境下取得存在的合法性，调整了其司机管理策略。用平台一位管理人员的话说，"'新政'推着我们向出租车管理（靠拢）"。"网约车新政"明确规定了网约车的营运属性，它不是个人之间的"车辆共享"和"社会交往"行为，提出应当比照出租车进行管理，这些开启了网约车市场的"正规化"进程。

"网约车新政"对于租赁公司的影响需要从两方面来分析。一方面，由于"网约车新政"设定了与车辆和司机身份相关的准入标准，一批正在运行的网约车不再"合规"，租车、以租代购等车辆相关的业务有所缩减。一位租赁公司的老板抱怨"网约车新政"为租赁公司带来了风险："应该尽早出台对新兴产业的指引，而不是让租赁公司买单。未来应该给大家一个缓冲退出的机会，但是我们没有反应通道。应该有一个相对公平的限量标准。供需关系出问题一定会引发矛盾，租赁公司退出，会导致资金链断裂、司机闹事，引发社会矛盾。"另一方面，由于平台"慷慨让利"，租赁公司从事与司机管理相关业务的比重有所增强。相对于传统租赁业务来说，从事司机管理业务无须投入太多资金，风险较小，进入退出更加灵活。因此，不少租赁公司逐渐将业务重心转移到与司机管理、司机培训相关的业务中。用一位租赁公司老板的话说，"我乐意做司管服务，（想办法）让司机赚更多的钱。我把重心放在这方面，平均下来一个月平台会给我返二十七八万（元）。做服务是轻资产，卖车是重资产，那么我肯定做服务"。

4.2.4　网约车"职业化"模式的形成

在线下模式被证明有效之后，平台公司设计了更多的"倾向性"规则，对挂靠租赁公司的全职司机给予奖励。例如，P平台泉州分公司规定，平台上的对公司机（全职司机），每天完成25单额外奖30元，完成32单额外奖110元。司机反映说，对公司机在派单机会方面也享有优势，这往往是他们加入对公司机队伍的重要理由。同时，平台公司将更多的司机管理职能委托给线下的租赁公司。在平台公司的定位中，租赁公司的主要职能已经从"拉新"转向了"司机留存"和"司机激励"。平台公司认为，"网约车新政"在一定程度上"规定"了网约车的社会定位，为了满足这一定位，必须要有优质稳定的运力队伍作为支持，而这是无法仅凭平台公司的线上补贴方式解决的。例如，春节时大批司机返乡过年，造成"打不到车"的问题，平台公司认为这时候只有通过租赁公司管理司机，规定司机在某个时间段必须上线接单才能实现。

在组织结构方面，平台公司成立了"运力中心"，专门负责对租赁公司的管理，包括制定租赁公司管理办法，对租赁公司在司机管理方面的工作进行培训、评估和奖惩等。同时，这个部门设有客服团队，专门负责回应租赁公司名下司机的投诉和建议。因此，与"灵活就业""兼职就业"的模式相悖，平台公司通过一系列组织和制度安排，正式将部分司机向"职业化"方向引导。P平台"运力中心"的一位管理人员解释道："我们所指的职业化是司机有成长感，有稳定的收入，有职业的荣誉感……让司机尤其是以全职身份参与的这段时间，能感受到这是一份职业。只有他有了这种职业化的感觉，他才能对自己的乘客把自己的每一份服务做好，所以（我们）想要营造这样一种全职的氛围。实际上（这）也是分享经济的一种参与，只是他参与的量更大一些，承担的责任更多一些，所以我们说他（的工作）类似于一份职业。这部分司机虽然占少数，但对我们而言很重要，因为（他们贡献的）运力很大……（我们）希望更好地服务于这部分全职司机。因为司机量太大，司机在打电话或者申诉的时候，处理的通道是非常长的，好多问题不能及时解决，所以（我们）针对全职司机给予一条绿色通道，他们的问题可以第一时间得到答复……因为有租赁公司司管中心在，好多问题可以直接找司管中心，（他们）当场就能给解决。"据司机反映，如果他们遇到乘客"不合理差评"的情况，往往会和租赁公司的"车队队长"反馈，因为"队长"有渠道将他们的意见反馈给平台，从而有可能把"差评"从他们的个人记录中"抹掉"，避免对服务分和接单构成影响。

在租赁公司的代表看来，一方面平台公司为他们提供了较为优厚的返利条件（业内称之为"流水分账"），另一方面从事司机管理工作不需要投入重资产，风险较小，因而他们比较愿意承担这些司机管理职能。我们发现，在租赁公司中，一种类似于正式组织中"人力资源管理"的实践已经形成，这塑造了（在一定程度上是确认了）工作群体对这份工作的认知以及对自己职业身份的认知。这些管理实践具体包括日常培训、团队建设、职业发展路径设计、公益活动等。在实践当中，司机的"职业身份认同"逐渐确立和强化。我们将这些管理实践概括如下：

第一，定期培训。租赁公司为司机提供入职培训和定期培训。入职培训主要包括为司机讲解在平台上工作的基本要求（如专车司机的话术、着装要求、物料领取等）、工作流程（如何操作软件、如何跑车、如何接单等）和其他注意事项。定期培训一般每月一次，内容包括安全培训、平台公司规则培训和工作经验交流等。在定期培训中，租赁公司会就平台最近出台的政策（包括奖励、惩罚政策）向司机进行告知和讲解，就平台和司机服务相关的规则指引向司机知会，司机也会利用这个机会进行经验交流和分享等。

第二，团队建设。租赁公司一般对司机分组管理，每个小组指定车队队长。这种小组在一定程度上满足了他们对于组织归属感的需求。更重要的是，车队可以在一定程度上解决司机在工作中遇到的突发状况，解除他们的后顾之忧，提升收入的稳定性。一个车队队长说："公司也经常告诉我们这些队长帮忙带一下新人。队长是纯义务的，没有奖励。大家都不容易，如果我们告诉他经验，（他就）不用花钱买经验，（我们）就尽量帮忙了。公司人手也不够。公司有时把我们集中一下，（对）重要的事情会协助处理。比如说车被扣了它会帮忙处理，我们认为这就已经很好了。"另一个司机说："租赁公司把我们分成几个组。线下分组，每组十几个人。这个组只是经常在一起交流经验，遇到困难或者不懂的地方大家相互交流一下。（问：会见面吗？）有空的时候，比如等单的时候会在一起休息，聊一下；到动车站了发个消息会见面聊一下，自发的。"

第三，内部锦标赛机制。一些租赁公司还建立了内部锦标赛机制。例如，在公司内部的车队间进行明星车队和明星司机的评比，对优秀的车队和司机给予物质奖励等。这些奖励的经费来自平台公司给租赁公司的返点。一个司机队长讲道："（我们租赁公司老板）上个月说5月设立奖金。（他）找队长们谈，说第一名300块，服务分最高也300块，他只讲这两个点。我提了个建议：设多个奖项，第一名300块，第二名250块，第三名160块，第四到第十名各50块。我跟他说奖励的目的是大家多做单，只奖励第一名有几个人做？"由于租赁公司对司机工作行为只有正向激励而不存在负向惩罚，司机和租赁公司之间不存在利益纠葛，而是形成了正向的合作关系。用一位司机的话说，"平台会对租赁公司考核，（我们租赁公司）老总的压力一定很大，但他并没有转嫁到我们身上"。

第四，心理支持。一个租赁公司老板说："（我）告诉他们怎么去赚钱，怎么去服务，遇到不顺心的事可以给我打电话。比如司机吃亏了，我就跟他说你不会天天吃亏嘛，我给你发个红包，消消气嘛。喝喝茶聊一聊嘛。你必须要建立这么样的关系，逢年过节该请吃饭的时候要请啊，司机遇到困难的时候该去要去的嘛，我们这样去玩嘛，更人性化了。我们没有什么高超的技巧，就用常规的办法去玩嘛，因为我们这个年龄段比较讲感情。司机出了车祸需要融资，没问题的嘛，号召大家捐款嘛，都可以做的。"部分租赁公司较为看重司机的主观情绪，注意缓解司机对于工作的不满情绪。例如，一位租赁公司的负责人提到他是如何通过和司机沟通，来消除司机因为平台降低补贴产生的心理落差的："P公司是个企业，不可能一直给那么高的奖励。从我作为租赁公司老板来看，我认为收入很合理了。一个全职司机辛勤下来一个月能拿到七八千左右，你就应该满足了。因为消费水平、房价决定了收入，你和北上广没法比的。（补贴）不可能满足（每一位）司机的，因为每个人需求不一样，有的需要八千，有的六千就够了。司机来的时候我都是这么跟他们说的。"又如，一位租赁公司的负责人介绍他如何采取策略和司机积极沟通，来使司机在"网约车新政"出台后留在平台上工作："每个地方家庭收入不一样，诉求就不一样，可能（有的人）收入五千就可以跑，（有的人）收入八千就不可以跑，这怎么办？比如，去年成都抓车特别凶的时候，有人就说'不能跑了，警察抓车了，平台不负责任的'。我太清楚了，平台是绝对负责任的，我处理的这类事情太多了。我跟司机们说，'你们去看他（那个司机）在群里说了什么，如果抓车了，你们都来找我'。司机就在群里骂他，说'你胡说，你让我们都不跑，你自己一个人跑赚钱'，然后把那个人踢出去。因为我说的是事实，是那个司机自己不想跑，如果他这么在群里说，可能一半的司机都不想跑了。"

第五，公益活动。除了提供培训和建立团队之外，P平台还会协同租赁公司一起开展公益活动，例如组织爱心送考车队、"敢扶"车队，进行年度明星司机表彰，培养司机对于这份职业的荣誉感。

和租赁公司建立联系并不是成为网约车司机的必选项，平台仍旧允许司机自行接入平台。这样一来，平台上逐渐出现了"线上"和"线下"兼具的管理模式，即一个是依托租赁公司的线下团队管理，另一个是依托算法和软件信息提示进行的纯"线上"管理。在大城市，前一种管理模式较为成熟，专职司机往往挂靠于某个线下机构，甚至隶属于某个"车队"。在出行需求没那么稳定、监管执法没那么严格的中小型城市，仍旧保留了以线上管理为主的模式，参与者以零工司机和兼职司机为主。

第5章
谁在做网约车司机?

以上两章分别从出行市场结构、平台公司策略这两个层次描绘了工作"平台化"的过程。为了将宏观的市场条件、工作规则和工作主体的行为建立联系,本章将观察的镜头聚焦到执行工作的微观主体——网约车司机身上。谁在做网约车司机? 他们为什么选择这份工作? 他们是如何看待平台的工作规则和如何实践它的? 本章第一小节将参照我已经发表的研究论文,从基本面角度对平台司机的人口统计学特征、工作动机和劳动供给特征等进行总体介绍。第二小节将介绍我在实地调研中遇到的部分司机的情况,以便让读者更直观地认识这一工作群体。第三小节将描述司机对平台规则的理解和应对方式,分析不同的工作结构是如何被司机实践所创生出来的。最后是本章小结。

5.1 网约车司机画像（一）[①]

本章使用某网约车平台工作参与群体的抽样问卷调研数据和部分后台数据。这个网约车平台于2014年2月进入中国市场，此后其市场份额迅速增长，成为当时中国移动出行领域的主要平台之一。同时，它也是典型的按需工作平台（on-demand work platform），对于本研究议题来说具有良好的代表性。

2016年6月，我所在的课题组采用手机客户端推送的方式向已在平台注册并具有收入记录的司机发放问卷，问卷内容涵盖司机基本信息、就业状况等问题。除了问卷调研回收的数据以外，我们还抽取了样本司机对应的部分后台工作行为数据，包括服务时长、行驶里程、基础收入等指标。调查涉及北京、成都、杭州、深圳、合肥、重庆、长沙、上海、广州9个主要城市，共回收有效样本15 478份。[②]

需要说明的是，2016年12月，国家和部分省份相继出台了网约车相关管理办法（简称"网约车新政"），设置了车辆与司机准入条件。"网约车新政"的出台对部分劳动者参与网约车工作的行为造成了一定影响。该项调查研究是在"网约车新政"出台之前进行的，因此可以代表劳动者对这一新兴工作方式的自发反应。

---

① 本小节摘编自作者已发表的论文，详细内容如统计技术细节、回归报告结果等请参见：杨伟国，王琦.数字平台工作参与群体：劳动供给及影响因素——基于U平台网约车司机的证据[J].人口研究，2018（4）：78-90.

② 详细的城市样本占比分别为北京35.86%，成都11.24%，杭州8.81%，深圳8.32%，合肥6.12%，重庆5.82%，长沙5.52%，上海4.92%，广州4.41%；其他（漏填或填写城市不属于上述9个城市的样本）占比8.98%。

5.1.1　人口统计学特征

我们从人口统计学特征、家庭情况、就业经历等方面对样本司机进行了分析。表5-1报告了样本司机的人口统计学特征、家庭情况及户籍状况。统计结果显示：

表5-1　网约车司机人口统计学特征、家庭情况及户籍状况

项目		全样本中的占比	全国就业人口中的占比
年龄（岁）	24及以下	4.30%	11.4%
	25~34	43.51%	23.9%
	35~44	36.60%	26.3%
	45~54	13.81%	21.4%
	55~64	1.74%	12.8%
	65及以上	0.03%	4.2%
性别	男性	97.44%	55.0%
	女性	2.56%	45.0%
学历	初中及以下	17.05%	68.32%
	高中或中专	48.10%	17.08%
	大专	22.55%	8.54%
	本科	11.47%	5.55%
	硕士研究生及以上	0.83%	0.51%
婚姻状况	单身	15.29%	18.21%
	已婚	84.71%	81.79%
子女个数	0个	7.13%	2.63%
	1个	59.80%	35.86%
	2个	29.33%	40.90%
	3个及以上	3.74%	20.61%
户籍	本地户籍	44.82%	—
	非本地户籍，有居住证	34.69%	
	非本地户籍，无居住证	20.49%	

资料来源：全国就业人口年龄、性别、学历统计数据来自《中国劳动统计年鉴（2014）》；婚姻状况、子女个数根据2014年CFPS（中国家庭追踪调查）数据计算得出。

（1）网约车司机以中青年为主

这体现在：①"34岁及以下"的网约车司机占比为47.81%，远高于全国就业人口[1]的对应比例（35.3%）；②"35～44岁"的网约车司机占比为36.60%；③"45岁及以上"的网约车司机占比仅为15.58%。

（2）网约车司机受教育水平高于全国就业人口

这体现在：①具有"初中及以下"学历的网约车司机占比为17.05%，远低于全国就业人口的对应比例（68.32%）；②70.65%的网约车司机拥有高中/中专或大专学历，高于全国就业人口的对应比例（25.62%）。但是，与大城市就业人口相比，网约车司机受教育水平并不占优势，而是呈现向某一学历段（高中/中专）集聚分布的特征。[2]

（3）婚姻家庭方面

有84.71%的网约车司机处于已婚状态，稍高于全国就业人口的对应比例（81.79%）；有92.87%的网约车司机育有子女，其中59.80%的司机抚养1个子女，抚养"2个"和"3个及以上"子女的司机占比分别是29.33%和3.74%。

（4）户籍方面

有44.82%的网约车司机具有本地户籍，34.69%的司机不具有本地户籍但具有本地居住证，20.49%的网约车司机不具有本地户籍且不具有本地居住证。

---

[1] 本书中，遵照劳动统计年鉴的测量口径，"全国就业人口"具体指在全国范围内年满16周岁，为取得报酬或经营利润在调查周内从事了1小时（含1小时）以上的劳动或由于学习、休假等原因在调查周内暂时处于未工作状态，但有工作单位或场所的人口。

[2] 以北京、上海为例，据《中国劳动统计年鉴（2014）》，2013年末，两座城市就业人口中，学历为"初中及以下"的占比分别比全国水平低41.6%和27.9%；学历为"专科及以上"的占比分别比全国水平高36.8%和20.4%。因此，以北京为例，比较司机与城市就业人口的学历水平，专职司机在"初中及以下"和"本科及以上"学历段的占比分别低于北京就业人口平均水平9.61%和20.8%，而"高中或中专"学历的占比则高出北京就业人口平均水平26.2%。

5.1.2　工作经历与参与动机

自由职业和民营经济从业群体是网约车司机的主要来源。43.17%的受访者在参与网约车工作之前从事其他全职工作，45.77%的受访者从事自由职业，另有7.09%的受访者处于下岗失业状态，0.82%的受访者已经退休，还有3.9%的受访者未填写此问题。在参与网约车工作之前的工作单位方面，选择"民营企业"（23.61%）和"个体经济组织"（21.05%）两项的人数占比显著较高，9.43%的司机来自"国有及国有控股企业"，其余选项（"外资和我国港澳台企业""行政机关事业单位""社会团体"）选择人数占比皆在4%以下。31.29%的受访者未填写此问题。

为了深入分析劳动者参与网约车工作的原因，我们以受访者对于"开专车是不是您当前唯一的工作"这一问题的回答为标准对其进行区分。在15 478个样本中，将"开专车"作为唯一工作的司机（占比42.23%）简称为"专职司机"，其余为"兼职司机"。在兼职司机中，就业不足与本职工作收入低是劳动者选择兼职开车的两个主要原因。在具体数据上，选择"工作清闲"的司机占比56.60%；选择"本职工作收入低"的司机占比37.03%，选择"能力得不到发挥""单位氛围不好""工作得不到尊重"的分别占比10.93%、5.92%和4.84%。[①]在本职工作每周工作天数方面，12.10%的兼职司机选择"5天以下"，58.78%选择"5天"，其余为"5天以上"。在日服务时长方面，59.39%的兼职司机每天工作8个小时，日工作时间不足8小时者的比例为18%。收入是专职司机最为看重的方面。在具体数据上，63.78%的专职司机认为开网约车带来的最大改变是"收入增加"，50.28%和35.58%的专职司机选择了"时间支配更灵活"和"工作更辛苦"。[②]

---

① 本题目为多项选择。
② 本题目为多项选择。

5.1.3 劳动供给总体特征[①]

样本司机周均行驶里程为266.69千米，服务时长为17.73小时。样本司机周均基础收入为609.79元。从平台2016年业务发展情况来看，2016年为网约车市场竞争期，平台为吸引司机加入对司机提供了大量补贴，司机实际所得收入为"基础收入"的1.5~2倍。

尽管网约车司机劳动供给均值水平不高，但其分布呈现出较大的离散性特征。以工作时长指标为例，在均值为17.73小时的情况下，其标准差达到了19.62小时，服务里程与基础收入统计指标也呈现出同样的特征。进一步的统计显示，样本司机工作量指标在分布上呈现显著的右偏特征。周均服务时长在10小时以下的样本占到样本总量的49.07%。随着周均服务时长的延长，相应组别司机数量总体呈下降趋势。图5-1为样本司机周均工作时长分布图。除了劳动供给平均水平以外，我们以"10周内具有网约车工作记录的周数"作为衡量工作连续性的指标，考察了司机的工作连续性特征。图5-2中的横轴表示司机在所抽取的10周内具有网约车工作记录的周数合计，"0周"代表该司机在这10周内没有在平台工作过，而"10周"则代表具有全勤记录；纵轴代表具有相应工作记录的司机占样本总体的比重。从图5-2可以看出，样本司机在工作连续性方面呈现"U"形分布特征，"全勤"和"全部缺勤"司机比例明显较高，分别占总体的29.36%和12.69%。工作9周的司机占比为10.22%，其余皆在8%以下。两个变量存在一定的相关关系：劳动供给水平高的司机具有较好的工作连续性。

---

① 本小节内容根据样本司机共10周（2016年3月7日至2016年5月15日）的运行记录数据统计得出。其中，"工作时长"指司机服务时长，即接到乘客之后的计费工作时长，而非司机打开手机软件（App）的时间。因此，存在司机打开App但未曾接到乘客，即存在在线时长不为0但服务时长为0的情况。这里的"基础收入"表示与行驶里程和行驶时长直接挂钩的计价收入，未包含平台扣除和补贴的部分。

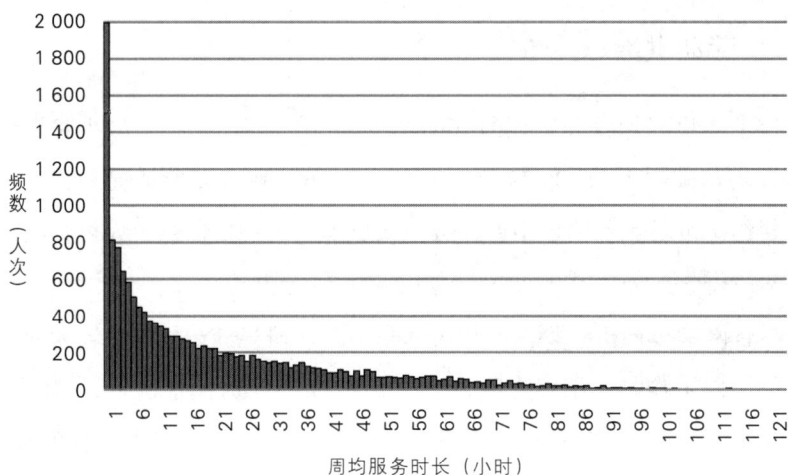

图 5-1 样本司机周均服务时长分布

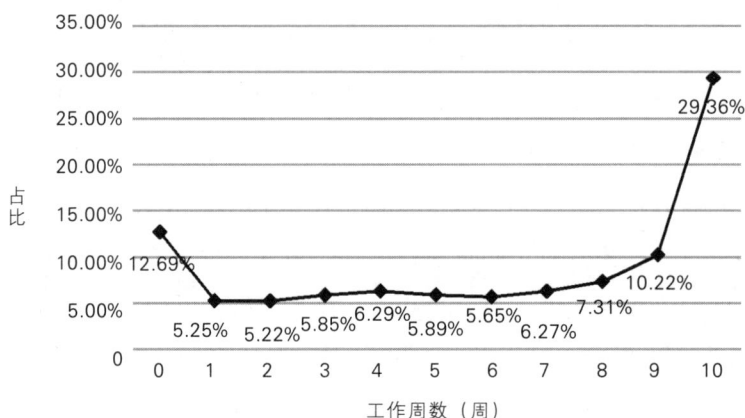

图 5-2 样本司机 10 周内连续工作情况

5.1.4 谁的劳动供给更多？

我们采用按照"周均工作时长"衡量的"劳动供给强度"指标和按照"10 周内工作时长标准差"衡量的"劳动供给持续性"指标来分析网约车司机的劳动供给水平。

在劳动供给强度方面，主要有以下发现：

（1）从个人基本特征来看，年龄与劳动供给水平显著正相关，年龄越大，劳动供给水平越高。男性司机劳动供给水平高于女性司机，这是与驾驶这项工作的性质相关的。

（2）从受教育水平来看。受教育水平与劳动供给水平显著负相关，受教育水平越高，在平台平均工作时间越短。例如，与"初中及以下"学历的司机相比，学历为"本科"和"硕士及以上"的司机周均工作时长分别少了6.38小时和10.64小时。

（3）从家庭情况来看，养育孩子数量与劳动供给水平显著正相关，养育孩子的数量越多，平台服务时间越长。

（4）从户籍状态来看，司机的户籍状态对其劳动供给水平有显著影响。与"本地户籍"司机相比，"非本地户籍，但持有居住证"的司机和"非本地户籍，没有居住证"的司机周均工作时长分别多了4.86小时和5.77小时。

（5）从下岗/失业状态来看，与"已退休"的司机相比，上一份工作为"自由职业"的司机周均服务时长较长。

（6）从工作单位性质来看，与来自"国有及国有控股企业"的司机相比，来自"个体经济组织""集体企业""民营团体"的司机周均工作时长显著增加。

在劳动供给持续性方面，除"研究生及以上"学历层次的司机劳动参与持续性显著较低外，其余学历组别未呈现出显著差异。户籍变量显著性消失。这一结果说明户籍因素对于劳动供给水平具有解释力，但在劳动供给持续性方面解释力较弱。这在某种程度上说明，有较大比例的劳动者具有较为频繁的参与记录，但劳动供给时长并不长，这一点尤其体现在学历较高、非本地户籍的司机群体上。

对于非本地户籍劳动者而言，滞后一期收入对其当期网约车劳动供给有显著的正效应。在学历与滞后一期收入的交互效应方面，较高学历虚拟变量与滞后一期收入对数交互项边际效应为负，且学历越高，边际效应绝对值越大，这说明对于较高学历劳动者而言，滞后一期收入对其当期网约车劳动供给有负效应。在工作转换中，滞后一期收入越高，劳动者当期网约车劳动供给越多，但这一正向效应主要体现在较低学历和不具有本地户籍的司机群体上。这说明，网约车平台有竞争力的收入水平是较低学历司机、外地户籍司机增加平台劳动供给的原因，但这无法解释较高学历司机和本地户籍司机的劳动供给行为。

总的来说，高中学历、不具有本地户籍、先前从事非正规就业的男性是在平台上劳动供给最多、最持续的群体。

5.2 网约车司机画像（二）

本研究并没有专门收集有关司机原生家庭、教育经历方面的信息，但根据其谈话中传达出来的信息片段，我们发现大多数受访司机往往因主观或客观原因早早辍学，成为"打工者"当中的一分子。在中国分割的劳动力市场下，他们难以进入高收入和高福利的一级劳动力市场，而只能在次级劳动力市场的不同岗位之间流转。从我访谈的司机来看，他们大多从事工厂工人、临时工、个体户（小摊贩）、劳务派遣人员等工作。这种工作不仅不稳定、保障低，更无法为工作者提供可用于人力资本积累的资源和职级晋升的通道。对于这种具有结构性特征的工作，他们往往认为通过自身的人力资本投资实现"阶层跃迁"的做法太困难、遥不可期。这部分劳动者很容易形成具有阶层特色的"短视"价值观，看重短期金钱回报，看重当下的投入产出。这从受访者的谈话中有所体现。例如，在谈论过往经历时，我发现他们会频繁提到自己"文化水平不高，没有一技之长，只能做这种工作"，并且，他们往往更换过多个工作，而更换原因主要是"行业不好做了""不赚钱了"。

在平台发展之初，平台上存在大量的兼职司机，但随着后续的几次规则调整，兼职司机、零工司机的活跃度在不断下降，以至于在我调研的时点，我所访谈到的大多是以开车作为全职工作的司机。在我当面访谈的、留在平台上的司机当中，八成以上的司机在开网约车之前从事个体户、临时工、劳务派遣人员等工作，这些工作往往"比较累""收入低""时间不自由""没有保障"等。跟从前的工作对比，以网约车为代表的平台型工作，时间安排自由灵活，劳动收入能够即时兑现，因而得到了司机的认可。下面的几段访谈摘录具有较好的代表性：

"我做过的工作很多。最开始是在一个私企销售品牌衣服，做了10多年。后来到国有企业开了4年车。国有企业工资2 600多块，没有我想象的多。我不是正式在编（人员），是劳务派遣（人员），所以没有那么多福利，这个我跟100个人说他们都不信……我觉得这个工作（指开网约车）比我原先的自由，而且付出的劳动马上能兑现。在国企开车，同样每天加班，但只有两三千块。我们这一代要供养小孩，两三千块肯定不够的。听朋友说开网约车能赚钱，所以我果断辞职。现在比以前收入高多了，有六七千块。"

"我以前是做皮鞋制造的，和几个人一起开发出新款然后生产。我自己当过老板也打过工，就在成都。最大规模每天生产量在三四千双……这个行业我做了十几二十年，经济不好后不做了。现在这个行业都不好，所以全职开网约车了。"

"我是初中毕业，之前经历过生产队，改革开放之后，（一九）九几年才出来打工，最早在温州的鞋厂。因为我比较勤劳，有时在老乡饭店里帮忙，样样都能行，于是出来开了个小饭店，但因为文化水平低，做事情起起落落……后来儿子给我买了部车，大概跑了几个月，就全职干了，饭店不开了……小饭店一个月赚几千块需要一家人忙活，现在也是几千块，但我一个人忙就行了。"

"我以前是做家政的，给搬家公司开车。搬家（和开网约车）赚钱差不多，但太辛苦太累了，大热天的还要爬楼。这个（开网约车）比较自由，加上父母年纪大了，收入也还可以，主要看勤快。"

"我现在在国企里面做保安。虽然是国企，但我是劳务派遣（人员），所以每个月就3 000多块钱，没有别的福利。因为这个（做保安）是值夜班倒班，（空闲时间）我就出来跑车多赚点钱。"

通过将开网约车和先前从事的工作对比，这些司机认为平台为他们提供了一份"还不错"的全职工作机会，或者赚取额外收入的兼职机会。据一名成都的司机回忆，在一开始，开网约车的收入极具吸引力，他对我说："我2015年开始开，正好赶上高峰期。那时候一单或两单奖励100元，月收入最多的能到5万元。好多有正式工作、月薪几千元的都退出来开专车。那时候平台还没推广得很厉害，私家车还没大量加进来，是专职司机（收入）的高峰期，专职司机一般都是（月收入）4万元以上，不算油钱，每天工作超过15小时。"对于"黑车"司机来说，平台"合法化"了他们的工作，尽管在当时开网约车这项工作的合法性还未得到政府的承认。对于在大城市有正式工作但收入不高的群体来说，兼职开网约车为他们带来了额外收入，可以补贴家用，缓解车贷、房贷等压力。

出租车公司是网约车平台的直接竞争对手，但是，由于出租车公司长期以来为司机提供的工作条件不佳、承包期长，且要求司机每月交纳固定数额的"规费"，所以司机认为开网约车比开出租车的"财务风险"要小。可以说，发展不佳的出租车行业间接促进了网约车行业的发展。尽管网约车的进入直接冲击了出租车司机的利益，但他们也并没有对后者表现出过多的敌意，而是认为这是难以逆转的趋势。接受访谈的多个出租车司机表示，网约车的进入导致自己手中的牌照贬值，不好转让，等到自己手里的牌照到期，也不打算续约，到时候"看情况"另谋他路或转行开网约车。在泉州、成都，我访谈的出租车司机表示，他们有过罢运行动，但他们罢运的诉求主要是降低规费，而不是直接针对网约车。一名出租车司机说："包我车的老板虽然得到的钱少了，但也认为这是个趋势。"一名已经从出租车转行开网约车的司机表示,开出租车比较费神,他说:"我觉得还是(网约车)这个模式好,以前开车眼睛总要盯着路边(看有没有人招手),现在可以直接在手机上接单,不像以前那样费神。"

在我的访谈中,大多数司机对这种新的出行模式非常认可,他们认为网约车模式是"高科技"的体现,是未来发展的趋势。就如他们所说,"尽管压力比以前大了,但这是个趋势嘛。以前商店也是爱买不买,现在服务就好了""这和市场经济有关,网约车价格低,车型好,必然会淘汰出租车"。另一名司机表示:"我对这个行业很认可。这个是市场高科技取代了陈旧的出租车模式……社会发展规律就这样,我对这个是相当认可的。"

"效绩主义"文化

我们发现,平台劳动者具有较为强烈的"独立工作者"认知,具体表现为认同"靠自己""做自己老板""为自己负责"的"效绩主义"(有人译作"精英主义")文化(Newman,1988;Smith,2002)。他们大多认为,自己作为成年人应当为自己负责,爱拼才会赢。但是,我们并不能认为这些是平台公司"制造"出来的,在平台型工作模式出现之前,这种认识就广泛存在。正如有的司机所说,"我们泉州人信奉的是爱拼才会赢,我们觉得这是一份事业,不会太考虑养老问题""做自己老板,就要为自己负责"。基本上,所有接受访谈的司机都表示出将工作遭遇归咎于个人"理性选择"的态度,诸如"做了就别抱怨,你不愿做就不做,又没有人逼着你非做不可"的观点在网约车司机这一群体中大量存在。这种身份认知很大程度上是在从事这份工作之前就已经形成的,而不是单纯由网约车平台所塑造的。从事平台型工作之后,他们所经历的与其说是身份重塑的过程,倒不如说是身份认知确认的过程。

由于网约车司机大多有着从事打零工、做小买卖等低保障的非正规工作经历,在他们看来,对"正规"和"非正规"的区分没有多大意义。这是因为，在过去几十年中，能否赚钱与"是否正规"关系不大，关键要看自己的"社会适应能力"，为人"是否会精打细算，是否灵活"。在访谈中，司机大都以对这项工作的投入、产出相当精细的计算开场，例如"租车"或"以租代购"的首付、月供、保养费、油钱是多少，每年车辆折旧和到期后的残值、租本地车牌的费用是多少，以不同方式加入（例如私家车挂靠租赁公司、租公司车做"对公司机"、自己买车转营运牌照）各自的成本和预期收益分别是多少。另外，我从他们的谈话中感受到司机对于自己与用人方是否缔结"劳动关系"没那么重视。如果过分纠结于"是否有保底工资、单位是否缴纳公积金和社保"等问题，在他们看来是非常可笑的。不少司机甚至明确告诉我，"公司跟我什么关系（注：是不是劳动关系）我不管""那个不重要""签合同只是个形式，就算单位缴纳社保也是从工资里面扣，跟自己买商业保险没多大区别"。当下的经济收入是他们评价一份工作好坏最重要的标准。因此，他们对工作的看法有着强烈的"投机"取向，为了提升收入不断地游移于多种工作之间是常见的现象。在这当中，重要的不是制定一份长远的规划提升自己的技能，而是通过社会网络多方收集信息，在有"财路"的营生出现的时候，迅速做出选择。

以网约车为代表的平台型工作的结构性特征迎合了这部分劳动者的价值观。首先，平台型工作的投入产出是以一种非常直观的形式呈现出来的。每完成一个订单，司机客户端中个人账户的"流水"就会即时更新。用马克思的话来说，劳动力的"商品化"达到了极致。其次，工作投入和产出的逻辑是非常清晰的，平台以非常直观的方式为司机指明了增加收入的途径，例如增加服务时长、完成一定订单量、获得乘客好评等，这一切都指向"多劳多得"，除此之外不需要处理上下级关系等人际事务，也不需要理解多么复杂的关系和逻辑。最后，平台型工作门槛低且进出灵活。司机如果不满意可以随时退出并加入新的平台，而不必做出任何组织承诺行为。

司机眼中的"市场经济"

在大多数受访司机看来，能够"自由打工""靠自己本事吃饭"就是"市场经济"的体现，与"铁饭碗"的"计划经济"相比，这是时代的进步。尤其是经历过20世纪末期国企下岗浪潮的司机，对于"体制"有着自身独特的认知，这更加强化了他们有关"体制靠不住""只能靠自己"的价值取向。从"计划经济"向"市场经济"过渡，一个人可以自己下海做生意，在没有了保障的同时，也意味着有了更多靠自己的本事发家致富的可能，他靠的不再是政策的加持，而是自己的聪明才智和勤奋，而在"体制内"，往往收入低还要"看领导脸色""不自由"。长期在非正规部门就业的经历使平台劳动者产生了"自己对自己负责""做自己老板"这种类似于"独立工作者"的身份认知。我们同样注意到，这种身份认知是在一系列政治、经济制度安排的历史背景下产生的，这是以网约车为代表的数字平台经济在中国生成、发展的土壤。因此，尽管平台公司在这种工作观的建构过程中发挥着重要作用，但劳动者"自力更生""喜欢自己掏钱做事"话语的形成并不是平台公司所推动的，而是已经存在于这一劳动者群体的文化当中。正因如此，在过渡到"无组织"的平台型就业时，他们并没有产生身份认知上的困惑。从另一个角度来看，这部分劳动者又通过其行动将这份工作塑造成特定的样态。从这些司机具体的网约车实践中，我们也可以捕捉到上述的"话语""认知"在网约车工作中的体现，这持续建构了平台型工作在中国有特色的运行特征。这种"认知"被移用到平台型工作的新场域。在面对平台规则调整时，司机采用了极富实用主义的方式予以应对，来降低从事这份工作的风险。

5.3　司机应对工作规则变化的策略

网约车平台不断通过调整工作规则和工作组织方式来应对快速变化的市场形势和政策环境。针对这些工作规则的调整，网约车司机形成了自己的解读方式和应对方式。

5.3.1　破解"算法"

平台从抢单制改为派单制之后，司机一方面对平台规则的调整表示认同，另一方面通过成立"非正式组织"的方式收集、互通信息来降低工作相关的风险，或通过采用技巧与平台的规则对抗来提升对工作相关因素的掌控感（即"钻平台漏洞"），进而增强收入的稳定性。

由于补贴幅度整体降低和向专职司机倾斜派单的制度，一部分兼职司机、零工司机因为收入降低退出了网约车平台，也有少部分司机重新回到出租车行业。留在平台上的司机中，大部分认同服务分规则和派单制规则。他们认为，派单制比抢单制更加高效。以前为了"抢单"，要时刻注意手机页面，甚至安装多个手机终端同时抢单，非常耗费精力，而在派单制上线之后，只需要专心工作就可以了。他们同样赞同将服务分与接单机会挂钩的规则，他们认为这种导向"多劳多得""优劳优得"的规则有助于全职司机获得竞争优势，是相对"公平"的，它也有助于提升整个出行市场的"规范程度"。在服务分方面，司机可以通过司机端应用程序了解服务分的构成模块，平台也会定期通过客户端向司机推送关于提升服务分的"建议"。我访问的司机对于工作相关的规则大多如数家珍。

但是，司机也并非完全满意调整后的规则。在服务分上线后，司机的服务质量（绩效水平）在很大程度上是靠乘客评分来体现的：乘客的投诉、差评不仅会使司机损失当前这一订单的收入，也会导致服务分降低，从而影响未来的接单机会。然而，乘客和司机往往会在这一环节产生纠纷：乘客认为司机服务不好，司机则认为乘客无理取闹。下面的记录具有较好的代表性："乘客好多需求很无理。比如你五个人坐我车，你说我载还是不载？肯定不载。我打电话给客服说取消订单，结果还是遭投诉了，服务分降了……这跟乘客的素质有关。他们会在评价上写你拒载，但又没写他们是五个人，系统又不知道这个情况，客服就没法核实这个事……"另一个司机抱怨说："有一个顾客（下单）从A点到B点，到了他的位置（B点），（又要求）再到C点，……一上车就说'我要投诉你，我知道你们平台的漏洞，而且一投一个准'。假如他从A点直接到C点（那就）非常近，但是他要绕路走。这个人他太过分了，到了目的地，他只承认从A点到B点。他的定位点在B点，到了之后再（要求）到C点，等于B点到C点这段路程的钱就不算。他这一投诉，就把绕这么远的钱（赖掉了）。"司机的负面反应集中在平台客服上，尤其是当服务分被平台"不合理"地调低时，平台客服无法给他们提供有效的帮助。一般来说，当司机遇到工作相关的问题时，他们会拨打平台客服热线来解决问题。但是，据他们反映，平台客服往往像一个机器人一样，只会按照流程收集无关痛痒的信息、安抚司机情绪，不能解决实际问题。尤其是在涉及司乘纠纷的责任判定中，司机认为平台客服总是"偏袒乘客"。不少司机反映，"打平台电话，就是（告诉我们会在）App司机端报备，但起不起作用我们没看到"。总的来说，司机缺乏有效的申诉渠道来维护自己的权益。

平台公司并没有公布服务分的具体计算规则。据平台管理人员解释，服务分并不具有固定的测算模型，而是根据后台即时的大数据进行动态调整。尽管平台并未公布服务分的具体计算规则，但司机从经验中发现，他们的劳动强度、劳动持续性以及客户评价和投诉是决定服务分的重要因素，而一旦服务分降低，就会影响到接单。据司机反映："在偏远的地方（接单）靠运气，在市里主要看服务分。如果你服务分高的话，基本单不会停。"另一个司机说："要是休息一个月再来跑，接单肯定是要受影响的，所以全职司机的订单量肯定比要（休息）一个来月再来跑的司机多。"因此，研究如何提升服务分，如何规避可能导致服务分降低的事件便成了司机的兴趣所在。

司机通过"非正式组织"来共享信息、交流破解平台"算法"的经验。"非正式组织"主要表现为司机之间的微信群。其中，一部分微信群是由租赁公司管理人员组建的，但大多数微信群是司机以"一个拉一个"的方式自发组建的。这些微信群的成员并不局限于在P平台上工作的司机，还包括在其他平台上工作的司机。也有一些微信以出租车司机群、"黑车"司机群的名称存在，这些群在他们开网约车之前就已经存在了，只不过，网约车的出现为群内的互动增添了新的内容。

"赚钱"的技巧

这里涉及的范围相当广泛，包括该选择哪个平台、哪个业务类别（如专车、快车还是顺风车）、以什么样的方式获取车辆（是买车、租车还是"以租代购"），司机还会在群里就不同平台的"派单"效率、客单价、服务保障、额外成本等进行比较，互通信息。①一位受访的司机说："我们几个玩得好的司机私底下都会建一个聊天群，共享一些信息，比如哪里出了车祸堵上了，其他司机可以绕行……等单无聊的时候就在群里聊几句。"也有司机说，通过微信群交流，他们能够避免"上平台的当"，例如"尽管有热力图，但好多时候等你赶到那了，单就没了。我们在群里会交流这个，热力图只是参考，群里的信息更及时一点"。

---

① 尽管P平台收购了其最大的竞争对手，从而占据了较大的市场份额，但是P平台自始至终不是网约车市场的唯一平台，地区性的平台持续出现和退出。一些规模较大的出租车公司也推出了自己的"约车平台"。因此，哪一个平台奖励更多、工作条件更好是微信群聊天的主要话题之一。

"对付"乘客、平台、交管的诀窍

例如，当乘客迟到、投诉绕路时，应当如何利用平台的"漏洞"维护自己的权益。一个司机分享了他对乘客提无理要求的处理方法："有个女乘客非要我进小区接，我不进去，她就说要投诉我，我直接点开始，空车跑到结束地，按完成订单，让她投诉无门。平台问起来就说她代叫单，爱咋咋地。有的乘客就是那个素质，我跑了3年，什么人都见过。"另一个司机分享了他"对付"乘客的经验："有一次乘客吐在副驾驶整个车门上，包括玻璃缝隙里都是，还有座椅，但是这个人没有全醉，态度也还好，愿意给洗车费，我当时要300（元），他嫌贵不给，说只给100（元），我当时录像了，一分没收他的就让他走了。第二天去4S店，拆座椅套、翻毛皮，地毯全掀开了，门板也拆了，全部搞完3 700（元）报备平台。乘客还是不愿意出，我就寄了律师函到乘客单位，平台提供的信息。后来这哥们儿给我送钱过来了。"还有司机在群里交流如何在线下交易并且不被平台发现："（要想不被平台抓到）你得在出发时就关掉软件，到了目的地也别打开，等离目的地至少10公里之后再打开；要是还不行的话，你就让乘客取消订单。"司机交流的话题还包括遇到交管部门抓车时，如何利用"法律武器"维护自己的权益。例如，一个司机在微信群中分享自己开顺风车被当地交管抓车的经历，告诉其他群成员如何通过既"客气"又显示出自己"懂法律，不好欺负"的姿态来维护权益。

网约车工作执行过程包括线上供需匹配和线下服务执行两个部分，这就意味着平台通过线上方式提供的工作指引对于司机完成好这项工作可能是远远不够的。在司机们看来，通过加入非正式社群的方式获得"诀窍"才是做好这份工作的关键。一个司机告诉我："你得加微信群。干平台都得这样。人家做得好的都有队长带着。我跟你说，这个太重要了。以前我送过外卖，在百度上接单。你去问问，送外卖的谁没摔过跤啊。为了不超时，一路赶过去，稍不注意就可能摔得鼻青脸肿。后来（加了群）人家告诉我，根本不用那样，你进了小区门就打电话说快到楼下了，然后点'送达',慢慢悠悠地走。我试了几次,果然这样,慢慢就有经验了。"这种有结构性特征的信息分布既与这份工作的本质特征有关,也与平台公司有目的的设计有关。

5.3.2 建立职业身份

在中央层面的网约车管理办法出台之后,各个城市陆续出台了实施细则监管网约车市场。正如上一章所描述的,平台为了应对"网约车新政"对平台运力带来的冲击,将更多的司机管理职能委托给租赁公司执行,由后者通过一系列组织化的手段管理司机,提高司机对于平台的黏性。在这一时期,我们发现司机通过建立职业身份来获取"确定感"。在司机看来,"网约车新政"的出台意味着国家层面对网约车的性质做出了明确的定位。当时,受"网约车新政"威胁的不仅仅是平台公司,还包括司机自己,尤其是那些不满足地方政府实施细则要求的司机。为了保住自己的工作,或者使自己的身份合法化,他们纷纷与这些租赁公司建立联系,接受了组织化和职业化的管理模式。在我所访谈的司机尤其是专职司机看来,挂靠于租赁公司能让他们更有"安全感",至少"没有什么损失"。以前,尽管司机在名义上"挂靠"了某租赁公司,但不少司机并没有跟这些租赁公司建立实质性联系。在"网约车新政"出台之后,专职司机产生了对降低从业风险和合法化其职业身份的需求。同时,由于平台公司针对挂靠(租赁公司)司机制定了一系列倾向性政策,司机和租赁公司的联系逐渐增多。在网约车准入标准较为严格的泉州,一位挂靠于租赁公司的司机讲道:"我是我们地区第一个被执法部门抓住后(租赁)公司帮我沟通获得全额赔偿的。罚一万(元)后他们赔了我一万(元),车子被扣了两天,我自己就支付40元停车费,我很感动。"而在准入标准较为宽松的成都,司机们说,"加入租赁公司,知道领导是谁,最起码我心里有个数""有什么问题租赁公司可以帮忙解决"。不少司机判断,网约车最终要回归到类似于出租车的模式,即以线下管理为主导,因此以租赁公司为管理主体的这种线下管理模式是大势所趋。他们认为，未来从事网约车工作不再是"零门槛"了，需要走培训、考试、身份认证等诸多程序。平台作为线上运营方很难亲自组织这些工作，地方性的租赁公司必将在这方面扮演重要角色。一个司机说："他们（泉州交委）说要组织网约车（司机）考证，但没说怎么考，也没说什么时候考，但如果要考试拿证，我们这些挂靠（租赁）公司的肯定是第一批。"也有司机说："以后网约车要挂牌，对公车（注：'对公'指的是车辆已经转为'营运'性质且挂靠租赁公司）优先。我考虑到挂牌问题才转到对公，反正也没多少成本。"正如他们所说，"至少出了事知道我的老板是谁"。

与我的直觉相悖的是，大部分专职司机认同"网约车新政"。他们认为，只有通过这种方式，网约车才能以"职业"（注意，是职业，而不是零工工作）的形式规范和稳定下来，自身的权益才能够获得保障。他们说，"我拥护'新政'，这是对我们的保护""加入租赁公司是为了以后办证方便"。

5.3.3 虚拟"自组织"

当物理意义上的工作交流场所不存在时，以微信群为代表的虚拟空间成为司机获取工作经验、延续内部文化、获取身份认同的重要场所，成为强化和延续司机之间"效绩主义文化"的重要渠道。这尤其受平台上的兼职司机和零工司机的欢迎。司机加入微信群的目的往往是希望在平台上赚取收入。选择开网约车的司机在成长经历、工作经历上往往是十分相似的，因而对于当下经历的感受也往往是相似的。在微信群里的交谈成了他们确认自己身份认知的重要来源。微信群发挥着诸多功能，它是宣泄情绪的场所，是工作竞赛的场所，是休息娱乐的场所，是互帮互助的场所。它既有反抗性质的活动，也有妥协性质的活动。总之，它是一个充满可能性的场域。

（1）宣泄情绪的场所

宣泄情绪是微信群中最常见的话题。司机们分享自己的不幸遭遇，评论同行的不幸事件，从中宣泄工作过程中对平台的不满，并从抱怨中获取身份认同。例如下面的对话：

A：跟客服说了句气话"我死也要拉一个垫背的"，被认定有安全隐患，就给我封号了。其实我只是发泄情绪而已。……大数据、高科技都用来搞我们。

B：好不容易到医院掉头接她（注：乘客），到了（她）取消了。（骂人）……太难了，（骂人）买"九米六"拉货去。刚洗的车，弄脏了。干这行你没有权利选择拉还是不拉。（骂人）我每天跑600（元）就回家，多一分都不拉。

C：我朋友，4月20日到26日，平台判定他不是本人开车，封号一个礼拜。当初没有判定，5月初说不是他本人。他说："难道那一个礼拜是鬼在帮我开车吗？难道我这张脸不是我的吗？"

D：P平台总是给司机发疲劳驾驶的短信提醒，好会关心人啊，只会发信息关心，这些形式有什么用？炎热的夏天，寒冷的冬天，一点慰问的物质都没有。

评论同行的遭遇也是微信群中的常见主题。某日上海执法人员在虹桥火车站开展了针对"不合规司机"的"大抓捕"行动，当晚抓了几十个网约车司机。有司机将执法小视频发到了群里。司机们针对此事的讨论如下：

A：上海要求本地户口，本地上海人不做这个事。（网约车司机）基本都是不合规的。……

B：我就搞不明白，这平台是什么平台，到底合不合法？真的看得挺气人的。我看了，在别的国家都是合法的，政府还鼓励，为啥在我们国家就是非法的？非法的你把平台关了不就行了吗？美团外卖属不属于非法？同样的性质，同样挣钱，按道理也是非法。我个人想，既然P平台司机拿

（自己的）车做非法，（那么）快递行业、生产行业，拿自己的交通工具送一单，不也是非法吗？行业不都差不多吗？……平台不交税，你把平台关掉不就行了吗？就像一个工厂，非法，造假，法院封掉不就行了吗？很简单的事。你就把司机放掉，罚P公司不就行了？……司机挣一点饭钱不容易。P平台抽成高，管理严，（我们）接一单都像大爷一样伺候着。出一台乘客人命案（舆论）搞得那么大，为什么我们这些司机没人来说呢？

C：哎呀！辛辛苦苦赚点钱，一个政策给你搞得所有辛苦都打水漂了。一罚款，都罚没了。法律不健全啊，允许不允许都是（人）说了算，说你不合规就罚你，而且一罚就几万几万罚。接一个单一天才挣多少钱啊，都罚进去了！

B：一没偷，二没抢，三也没干违法的事，最后就说你是非法的。我真搞不懂。……平台相当于一个公司，公司赚到的钱是合法的，没偷没抢，不是传销组织。P平台也是方便大众了，好多老百姓也说P平台不错了。为什么就是非法了？外卖合法还是非法？这两个差不多的。……多一事不如少一事，说你不合规，你就不合规。上海五湖四海的，（司机）齐心很难。再说你要是不合规，抓到就认倒霉。

D：这个没法说的，这个是体制问题。

E：国家越来越好，越来越先进，必须要合规，全是"黑车"也是个事儿。（我们）也得考虑考虑政府。最难的是农民啊。政府做的事让老百姓不理解，不合法，不派单就好了。整不明白。

（2）工作竞赛的场所

在微信群中，"晒"当天的流水（例如每天拉了多少单、得了多少服务分等）是常见的行为。如果一个司机当日流水在七八百元以上，或服务分接近满分，往往会在群里引起一阵羡慕，羡慕中又夹杂着自嘲的口吻。

A：一天跑多少？

B：说实话，之前我租那台（车），一天不多，能跑五百多块钱，跑八九个小时。我寻思换一台好一点的，（就）换了台新车，现在也是五六百块钱。

C：这么多啊，我咋就一天两三百？你是一天跑的？

B：对啊，跑一天！我专业跑P平台，不跑别的平台，有单就跑，没单就待着。你往机场方向跑还是有单的。是大单还是小单，就看你的运气了。你一天要跑够多少个小时，把分儿"煲"起来。你要是服务分低肯定没单。三天打鱼两天晒网，肯定跑不了啦！

D：9个小时500多600块？怎么跑的？我怎么天天跑12个小时才有（那么多）？

（3）互帮互助的场所

司机在微信群中也常常讨论如何提高接单率，如何处理跑单时遇到的各种问题，怎么争取自身利益，怎么和交管、平台客服及乘客周旋等。例如，讨论"无责取消"的问题：

A：像这种给乘客打电话不接，打了三次挂了一次（的情况），我能不能直接取消（订单）？这乘客真把自己当大爷。

B：预约的好像不能取消，到地方了，看看提示多久可以无责取消吧，没接过预约单，感觉麻烦。

A：万一罚了款算谁的？不能迟到，刚刚乘客打电话叫我等十分钟，我怕被罚款。

B：到了，乘客预约的时间过了五分钟还没来，电话不愿意接，自己取消。

A：如果被罚了，罚单能不能算乘客的？

B：要无责才能取消，不然罚款是小事，扣分是大事。看你愿不愿意等。第一，你没有迟到。第二，他约的是8：30，你要等到8：35以后。预约单，如果你迟到了，哪怕乘客取消了，也会判司机的责任，所以预约单不能迟到。如果自己迟到了，乘客不坐了，或坐别人的车走了，不要自己取消，直接划过去点"接到乘客"，然后打电话给客服，说不小心划到了叫客服消单，不然新版服务分里面要扣12分。

C：我有一单直接取消，都没打电话，报备轮胎没气，就无责。手机里存一个轮胎没气的图片，百度（搜索）保存的，以便取消订单报备用。你别说，真的很管用，基本都是无责。

（4）休息娱乐的场所

有司机常常在微信群里发淫秽段子、色情小视频。尽管这一行为屡屡遭到微信群管理员的警告，也被微信管理方提示过，但有司机仍旧通过截图、小程序、集合聊天记录等方式发布。一开始，我忽略掉了这部分聊天记录，认为它和这份工作无关，只不过是部分司机的"低级趣味"，但后来我意识到，这也是他们生活和文化的一部分，而删掉就代表着我对他们生活的原样进行了刻意扭曲。这也让我意识到，在调研当中，不能仅从受访者的谈话内容中寻找信息，谈话者谈话的方式、对内容的选择等全都是应当关注的方面。

他们从这种虚拟社区得到了不可或缺的精神上的认同和解脱。他们会在抱怨平台、交管部门之后，也凄凉地自嘲"我干这种不是人干的活，也不是人""但又有啥办法呢，咱们底层小老百姓，不干这个能干啥去？"

这些虚拟"自组织"并没有发展成与网约车平台、地方政府集体协商的理性力量；相反，它是支持工作灵活化的组织形式。在司机的工作实践中，"虚拟社区"发挥了"出气筒"和"避风港"的功能，吸纳着司机的不满情绪，进而支持着他们继续投入到这份工作或类似的工作当中。在他们看来，当一个平台"对司机太过分"时，再多的抱怨都不如"用脚投票"，换一个平台就是了。

但是，从整体来看，正是这种看似"主动"的选择，把他们困囿于"不稳定无产者"的阶层，不断复制着之前的经历和阶层的命运。他们不一定忠于某一个平台，但是他们的结局只是在不同的平台之间跳来跳去，而不是实现阶层的跃迁。当物理空间上的融合不存在的时候，网络空间成了他们建构身份认同的场所。但是，这种媒介本身就是带着结构性特征的。比如，它自身就存在着筛选功能。只有对这份工作感兴趣的司机才会加入这样的微信群，他们在微信群中的交流恰恰起到了对自身选择做辩护的作用。所以，我们无从追踪那些不加入微信群的零工司机，但可以确定的是，他们并不是平台上的核心运力来源。

5.3.4 流散的群体

在平台公司将司机管理职能交给租赁公司代理后，租赁公司采取了一系列组织化的方式来管理司机以提升司机的工作绩效，进而获得平台的"返点"。这种积极的"职业化身份"建构是否赢得了司机对于平台的认同呢？我们发现，司机建立起了职业身份认同，并且更加自觉地遵守平台所制定的职业相关规则，但是并没有足够的证据表明，司机已经对P平台建立起了相对稳固的认同。

通过租赁公司类似于正式组织的"人力资源管理"的线下管理模式，我们的确发现司机对于自己职业身份的认知得到了确认。我们认为，部分司机在一开始就是将这份工作当作"职业"在做的，而租赁公司的管理实践使他们对于这份工作的职业化认知得到了确认和满足。在访谈中，司机倾向于将跑车称作"上班"，将租赁公司称作自己的"单位"。"单位"这个在计划经济时期和国有部门中诞生的概念，与其说在当今的"零工经济"中复活，不如说一直存在于这一群体当中。例如，有司机说，"我觉得自己是一个上班的工人""单位每月给4天假期，超过4天要请假"。这些表达都反映出司机把这份工作当作一份"职业"，而不是将它当成一份零工工作。对于平台公司制定的服务标准、着装规范，访谈的司机表示，"刚开始不习惯，现在习惯了，不会感觉是约束""我很习惯，我觉得很正常，很好的事情，自己也给自己提高形象。自己觉得有绅士的感觉，别人也会觉得你很有层次"。

尽管线下团队帮助司机满足了融入社会的需求，但从收集到的数据来看，并没有足够的证据显示司机和平台之间建立了稳固的双向承诺。司机之所以加入线下团队，最看重的是它能够提升收入和规避风险。司机的行为具有较显著的实用主义特征。"即期收入"始终是司机选择何种工作、在哪个平台上工作以及以何种身份工作的首要考量因素。正如他们所说的，"考虑到平台对'对公车辆'有派单优先性，所以转到'对公'"，"专职第一个目的是赚钱，利润还是可以的。专职比较辛苦，比较专业，付出的也会更多。……我看重的是收入可以、门槛低，所要求的服务我都能达到，所以就参加了"。受访司机若干次提到"收入是第一位的"。从上文司机和租赁公司老板所表述的理由看，大多数都是与工作待遇有关的。尤其是，自"网约车新政"出台以后，这份工作的"职业化"走向越来越明确了。不少司机将加入租赁公司作为取得合法身份的渠道，或者认为加强线下管理是网约车发展的"必然趋势"从而加入租赁公司。但这里需要强调几点：第一，这种身份认知是与"职业化"伴随着的收入稳定性的提升密不可分的，享受平台的一系列倾向性政策是他们接受的关键；第二，这种职业身份的确立在某种程度上是由线下机构的管理实践直接引致的，而不是与P平台的线上管理相关的。不少司机甚至表示"租赁公司就是我的单位"。大部分司机较为认同租赁公司线下管理的模式，认为它必然是未来的发展方向。司机判断，在这种组织模式下，尤其是未来网约车司机的身份得到合法认证的条件下，网约车就是当前出租车的翻版，因而不可能在运行方式上与出租车有较大的不同。第三，租赁公司对于司机的"准组织化"管理行为是以平台公司高水平的利润分成为前提的，但是平台公司背后的资本需要盈利，在市场达到饱和之后，这种高补贴的商业模式将难以为继。平台公司对租赁公司"司机管理"职能的需求具有明显的阶段性特征，双方并不是稳定的合作关系。起初，平台公司通过线下组织实现了对司机的职业习惯和职业行为的塑造。在这部分司机的认知和行为习惯塑造完成，且已经对平台产生依赖后，平台公司在管理体系中剥离线下组织而以线上模式进行管理也未尝不可。通过这样的方式，平台公司可以省去给线下公司的利润分成，从而进一步提升收益，这是符合平台公司的盈利取向的。

尽管司机也有反抗情绪，例如抱怨没有订单，抱怨平台不公平，但是他们的具体的反抗方式是高度个人主义和工具主义的。一般的应对策略包括：

①同时和多个平台建立联系，收集多方的待遇、奖励信息。相当一部分全职司机并不对某一个平台表示忠诚。他们或是下载若干个网约车平台的司机端 App，或是注意收集其他平台的收入、补贴信息，一旦另一个平台待遇较高，就会立刻转移到那个平台上，即期收入往往是他们最重要的考虑因素——"如果不划算，马上就换！"例如，司机讨论应当以哪种方式获得车辆加入平台时，会担心"如果自己贷款买车来做，会不会被'套进去'"；又如，"给车子上了营运（牌照），会不会因为哪天政策改了，自己就赔进去了"。

②分享对抗平台、交管部门、乘客的策略，包括如何使用法律武器维护自己的权益，如何"和他们闹"；分享纠纷处理经验，包括该给谁打电话，如何表达诉求，如何运用法律武器；分享提高收入的策略，包括如何绕开平台和乘客进行线下交易，如何采用不同的方式"刷服务分"，提升派单概率。然而，大多数司机秉承着老实本分的行事方式，对交管部门、平台敬而远之，避免发生直接冲突。在被扣车或遭受处罚时，只有少数司机试图利用"法律武器"维护自己的权益，绝大部分司机自认"倒霉"。在平台型工作当中，因为劳动者在工作时间上没有对某个组织（平台）做出承诺，所以也就不会要求平台为他们保障什么，他们也就从主观层面更加强调这份工作"灵活""自由"的好处。因此，他们的"反抗"也只表现为钻平台空子、频繁更换平台，而不会形成大规模的罢工、罢运。在他们看来，这种工作就是"干一单挣一单的钱""不想做就不做，别抱怨，又没有人逼着你做"。平台所依托的这种工作缔约模式，让司机对这份工作产生了类似于"你情我愿"的"市场经济"的理解，因而即便赚不到

钱，也没什么好抱怨的。

③破解平台的"算法游戏"和"规则骗局"。例如，平台往往推出阶段性的、不同的冲单奖励，他们会在群里交流这些奖励是否可靠。例如有些人提到，平台的"合作伙伴"奖励要求做满200单奖励1 000元，但就是到了还差一两单的时候，平台就不派单了，这个时候就要靠深夜出车、早晨出车才能完成任务。如果这样做的成本太高，最好不要陷入平台的规则陷阱。又如，他们精明地"洞察"到平台不会真正为司机考虑，因此他们所采取的方式是利用平台规则的"漏洞"，发展出多种多样的刷单、刷服务分、线下交易、对付乘客和对付平台的方式来提升自己的收入和司机这一群体的利益，并且他们从"游戏"平台和"投机取巧"中获得了工作的快感。同时，他们的"洞察"中又渗透出对于现状的妥协，因此他们的"反抗"仅仅局限在既有工作规则层面上的微型调整。按照他们的话说，"不做这个又能做什么呢？做这个已经不错了""既然改变不了世界，就要改变自己。平台和政府你左右不了，你得想办法和它（们）周旋"。甚至，我还听说了网约车司机内部"窝里反"的现象，即已经取得了"资格认证"的司机举报没有取得认证的司机，认为后者进入市场影响了他们的收入。这构成了他们"反抗"行为的局限性。

5.3.5　多样的可能性

尽管司机自身的逻辑和宏观层面上的非正规经济逻辑存在较高的相似性，但是我们也有一些新的发现。例如，"网约车新政"的出台为网约车司机提供了制度性资源，在某种程度上为司机提供了维权的渠道。又如，司机的线下工作组织、自媒体和社会舆论的介入也为司机赋予了能量，形成了新型的司机发声或抗争形式。这些是否能够将平台型工作治理体制引向更为平衡的途径，有待于持续观察。在未来的劳动关系治理体系中，是否应当以及如何将这些制度性和组织性的资源纳入，也是有待研究的问题。

第一，合规司机向交通运输局投诉，就平台的规则提出抗议。例如，下面是我在微信群中截取的司机抗议P平台调价的倡议书：

致深圳师傅的一封信：

（请转发扩散）

（深圳交通运输局正接收广大司机的诉求，拨打12345转7反馈！）

（诉求：恢复东莞优先派单，取消远程特惠，恢复正常价格）

亲爱的师傅，您最近是否发现很少接到20公里以上的订单？难得接个东莞单却"有去无回"？求爷爷告奶奶接了个长单，却被切单？请不要惊讶，这是P平台开展的"整治深圳网约车司机"专项行动！

首先推出"淡季价格"，美其名曰"优惠价格，提高单量"，实际上乘客该给的不少，师傅抽成却提高了，最高到37%！请师傅们自行对比乘客和司机端的价格！嫌麻烦的多问问乘客，看看有多少乘客说便宜了？"淡季价格"核心在腰斩远程费，从原来的1.2元降到现在的0.5元！降幅60%！什么概念？跟大家讲个笑话，珠三角最大城市深圳师傅跑个40公里的单子100（元）不到！（这）在全国也是倒数！深圳师傅真的是为人民服务的典范！

然后说说"远程特惠"。跑过这个单子的师傅都知道价格有多低了吧？没错，比顺风车还不如，顺风车好歹还可以讲价！而且，一个"远程特惠"就要搞死1~3个长单！本来长单就少，现在直接导致你每天可能接不到一个30公里以上的单子，接这个单子就是损人还不利己！亲爱的师傅们，清醒一点吧，难道没有这个"远程特惠"乘客就不坐车了吗？你好好接个几十公里的长单难道不香吗？麻烦把"远程特惠"下线好吗？

再说最后一个痛点，现在去东莞几乎接不到单回深圳，不管你是接单过去还是空跑过去！曾经的东莞天堂就这样破碎了！可是东莞司机到深圳是有优先派单的啊！（我们）空跑去东莞不派单也就算了，接单过去都不派单回，天理何在？

我们深圳师傅确实要学习东莞老司机，因为就是他们不断向政府反馈才取得派单权利！兄弟姐妹们，是时候拿起你的手机，拨打12345转7，向深圳政府反馈我们的诉求了！

跑车最重要的是心态，每次受委屈的时候，都可以跟客服小姐姐诉说，她们专业的素养，让我心灵得到了很大的慰藉！不要打错电话了：12345转7！

只要我们万众一心，胜利必将属于我们！

第二，通过"法律武器"对抗执法问题。在微信群中，一位名为"免费咨询运管扣车"的群友分享自己帮网约车司机打官司的经历。他说网约车司机没有取得"双证"上路只是"不合规"的行为，并没有"违法"。当被暴力扣车时，司机要敢于提出执法过程本身就不合规。

第三，通过集体行动与平台对抗。根据网约车自媒体"网约车情报局"的报道，南通市四十多个网约车车队队长联名上书，提出"取消淡旺季计价方式，恢复原来的计价方式""在司机端公开显示抽成比例"等诉求。上饶市二十余位车队队长代表当地司机发布联名函向平台提出包括"因为运力饱和，司机接单困难，立即停办网约车运输证""抽成比例要更加透明""夜班额外加分""恢复奖励政策"等六条诉求。

工作场所的权力关系永远不是静止的，而是通过主体的互动被不断地再生产出来或发生改变的。我们或可期待，这些信息的传播、反抗的实践会慢慢地重塑网约车司机对于这份工作的认知，重塑他们的"生存逻辑"，并最终带来多方主体力量相制衡的局面。

5.4 小结

第4章和第5章分别从平台公司实践和司机实践的角度勾画了P平台工作的演进过程，试图以此理解工作"平台化"转型对劳资关系究竟产生了什么样的影响。

我们发现，在这期间，网约车平台从一开始的旨在推广"共享经济"的供求信息匹配平台演变为后期的按照组织化、职业化的人力资源管理手段管理司机的平台。这说明了，平台型工作的组织结构和工作条件不是固定不变、遵循着唯一模式的。因制度、文化环境、政府政策、同业竞争、技术物质性的不同，不同的工作结构从主体的互动中被创生出来。表5-2对"网约车"工作在四个阶段的结构化过程进行了简要归纳。

表5-2　　　　　　　　"网约车"工作在四个阶段的结构化过程

阶段	已有/正在发生的制度/政策和平台策略		司机的工作实践	从工作实践中创生出来的工作结构
一		·平台提供大量补贴 ·司机有长期非正规就业经历	注册多个打车平台以提升订单量和收入	司机相对独立自主的工作组织模式
二	·城市地区对出行服务的高需求 ·低效率的出租车行业 ·劳动者群体普遍认同的"靠自己"的文化……	·兼并竞争对手后，整体补贴额度下降 ·"抢单制"改为"派单制" ·上线服务分系统 ·平台客服无法满足司机要求	形成"自组织"与平台的算法对抗，交流经验来取得高"服务分"	形成以微信群为代表的"自组织"
三		·"网约车新政"为司机的法律身份带来不确定性 ·平台为了维持运力，依托当地租赁公司弥补司机"被抓车"带来的财务损失 ·为和租赁公司建立联系的司机提供客服"绿色通道"	与当地租赁公司建立联系来降低从事这份工作的风险	平台通过分包商(租赁公司)对司机进行"弱控制"
四		平台为了维持更多、更稳定的劳动供给，制定了更多"倾向性规则"，为挂靠租赁公司的司机提供更好的工作条件	为了享受平台的"倾向性规则"，司机主动与当地分包商(租赁公司)建立联系	平台通过分包商(租赁公司)对司机进行"强控制"

本章和第3、4章经验叙事的目的在于揭示网约车工作结构和工作条件的确定背后多方主体竞相争夺、取得平衡的过程。在把握了基本经验事实的基础上，我认为可以从三个层次来理解网约车工作"职业化"演进过程背后的机制。最直观的层次是，我们看到了平台公司和部分专职劳动者的相互选择和确认；在中观层次，我们看到中央政府、地方政府、平台型企业（资本）和劳动者对网约车社会定位的张力角逐，在不同的定位下，平台型企业随之采用不同的劳动管理策略；在最广泛、通用的层次上，则是中国庞大的非正规经济和非正规就业实际。弥漫于非正规就业者群体之间的"新自由主义"文化作用于劳动者主体身份的建构。这构成了平台型工作结构化过程的主体性基础。据此，本书认为已有研究的"剥削叙事"和"进化叙事"是对实际事实的过度简化。

第6章
理解工作组织方式的转型

在《巨变》这本书中，波兰尼（Karl Polanyi）对资本主义市场社会的兴衰过程进行了阐释。波兰尼认为，前资本主义的鲜明特征在于物质生产和交换附属于其他的社会关系（比如宗教和家庭），这些社会关系独立于经济行为之外，且不会随着经济行为的终结而消亡。在18世纪，自律型市场经济的观念逐渐形成，这随即带来对劳动力、土地（自然资源）和货币商品化的倾向。这种观念认为，市场只有服膺于价格规律而自动调整才能达到效率最优。先前未被当作商品的劳动力、土地也被纳入价格规律调节的范围中。波兰尼将这一过程命名为"脱嵌"，并认为经济"脱嵌"于社会关系是一系列社会危机发生的根源（波兰尼，2013）。

波兰尼提供了关于经济和社会之间关系的一种构想。格尔茨提出了另一种构想，即不仅市场不可能脱离社会而运作，而且市场制度本身也不具有自发力量来形塑社会的运行；相反，是社会文化、习俗等决定了市场的运行形态和结果（Geertz，1963）。

那么，平台型工作究竟更接近于格尔茨式的构想，蕴含着某种"自下而上"的、"社区经济"的复兴（Fitzmaurice et al.，2020），还是预示着"组织化资本主义"时代的终结，从而构成了"现代性"下"风险社会"的典型案例（参考：Kalleberg & Vallas，2018；Lash & Urry，1987）？

6.1 理解工作"平台化"的过程

在实践中，一个国家或地区的制度设计对于平台经济的发生、发展和表现形态有着重要影响。以出行平台公司优步（Uber）在不同国家的发展情况为例。在美国，尽管出租车行业一直以来都被政府管制，但是各州政府对出租车行业的管制具有碎片化特征，不存在全国层面的出租车行业联合会。各地区的出租车公司逐利特征比较明显，因而无法让消费者满意。优步利用有这种特征的监管体系迅速扩张，以消费者福利为理由进行政治游说。另外，优步标榜自己是竞争、效率和创新的象征，这非常迎合美国的政治和经济气候。美国国内对优步的反应集中在劳动用工领域，尤其是对这种劳务交易关系的法律性质的争论。这是由于美国的社会保障是和用工关系的性质联系在一起的。在德国，出租车行业同样受政府管制。与美国不同的是，德国有着发展较好的全国性行业联合会，而且这些行业联合会在德国政治中扮演着不可或缺的角色。因此，在德国，优步自一开始就被认为将妨碍公平竞争。德国的出租车司机被吸纳进工会，并且全部拥有注册身份。这些司机已经形成利益群体，对不具有注册身份的优步司机进行抵制。这导致"优步X"（吸纳私家车司机提供出行服务的模式）在德国推广举步维艰。优步只能在德国经营优步出租车和高级商务车业务。德国联邦劳动和社会事务部发布的一份报告认为，德国平台经济的发展程度并不高，平台经济中的工作不稳定、收入下降问题并不严重，因此没有必要修订既有法律，但是需要持续追踪平台经济的发展情况。在瑞典，优步所带来的争议集中在税收上。在瑞典，福利保障并不和用工关系的性质相关联，也就是说，确认劳动关系并不是享受社会福利的必备条件，并且瑞典的一部分出租车司机就是以独立合同工形式工作的，因此用工性质认定并不是瑞典的主要问题。瑞典出租车系统由出租车业务运营商和出租车车辆提供商两个主体构成，优步被认为是另一种形式的出租车业务运营商，但是优步独特的计价模式使其游离于瑞典的税收系统之外，而高税收正是政府提供高社会福利的前提条件。因此，政府希望通过加装计时器等方式来获知平台的收入情况，将优步纳入现有税收管理体系之中（参考Thelen（2018））。

由上文可以看出，以优步为代表的平台经济或是被既有产业治理框架所限制（德国），或是被吸纳到福利国家制度中（瑞典）。基于前面章节对出行行业"平台化"发展过程的梳理，我们认为，我国平台经济的快速发展和以下因素相关：

第一，信息主权管制的松动。加入世界贸易组织之后，我国政府出台了《电信业务经营许可证管理办法》《外商投资电信企业管理规定》等政策，允许境外资本进入中国信息传播领域，将跨国资本的增值逻辑整合到我国互联网经济和平台经济发展中。

第二，对数据所有权的弱监管。我国的平台型企业在国际资本市场上能有如此高的估值，正是因为市场将中国庞大的用户群体所创造的大数据的价值一并计算在了这些企业的资产之中。

第三，分权的治理结构和分割的制度安排。不论是中国还是美国，在服务业部门都不存在整合既有从业者利益的制度和组织安排，尤其是不存在作为决策参与者之一的行业协会来制约新旧业态的迭代。

第四，发展完善的通信基础设施。我国的基础电信网络运营商是国有企业属性，在营建基础设施、配合数字经济发展上具有重大优势，这一点是西方经济体所不具有的。

第五，前些年反垄断力度不大。我国的头部平台型企业频繁发起并购，通过组合多种业务，尤其是将服务业平台和移动支付平台组合获取利润。

与前述西方国家相比，可以说在我国平台经济发展基本上没有受到任何约束，并且享受到了事实上的政策红利。

在平台型工作中，基本的工作秩序是怎样协调的呢？作为结果，数字技术是赋权于资本，使资本积累更加容易和确定，还是赋权于其他社会主体，使资本积累过程更具不确定性？这一问题关涉到两个方面：第一，平台公司是如何通过对劳动力的组织、调配、使用来维持其运转的？第二，劳动者是如何应对市场状况和平台规则，而支撑出行市场的运转的？

对于第一个问题，已有的研究主要强调平台通过算法设计等技术手段对司机施加隐形的工作控制这一方面。通过第4章对P平台劳动管理策略的考察，我们发现，平台的劳动管理方式是多种多样的。首先，平台的用工构成是一直变化的。按照管理方式的不同，可以将平台的用工方式对应到一条长尾曲线上。在这条曲线上，根据平台对劳动过程介入程度的不同，可以区分出偏向独立合同工管理形式的零工司机、偏向类似于雇佣的组织管理形式的专职（对公）司机，以及处于二者之间的兼职司机。在不同的发展阶段，平台用工的构成是不同的。在市场拓展期，平台的定位趋近于信息中介，以扩大司机基数为主。在取得了暂时的垄断地位之后，平台侧重于采用类似于雇佣的组织管理模式来管理司机。在平台将司机管理职能委托给租赁公司之后，这个特征更加明显。通过这种方式被管理起来的司机在平台司机中的绝对占比和订单贡献份额逐步上升。其次，平台采用了多种劳动过程治理方式。为了维持工作秩序，平台设计了线上、线下形式兼具的工作规则。一方面，平台采用了设计线上规则的方式，包括设计软件界面、算法、客服等工作流程。但是，不能据此断定平台所设计的规则一定被司机所遵守。在实践中，既有劳资双方对于规则的遵守，也有非正式的博弈对抗。后者表现为平台通过收集工作行为数据、设计不透明的算法来控制司机的劳动过程，促使司机增加劳动供给，同时通过增强彼此间的交流破解平台的规则和算法，以及采取某种对抗平台规则的行为。卡梅伦认为，平台公司正是赋予工人一定限度之内的"自主权"，比如让他们拥有玩弄规则的空间，从而让工人对于这份工作产生灵活自主、他们有掌控能力的错觉，最终服从于平台的隐形控制（Cameron，2018）。我们在这里可以得出类似的结论。这说明，权力不体现在它以一种直接的方式控制了司机的劳动过程，如要求他们必须维持一定的工作时间、遵守一定的工作规则，或要求他们忠诚于平台；相反，它将自由、自主、灵活这些要素赋予到这份工作的规则之中。另一方面，除了线上的工作管理方式之外，平台还执行了以线下管理团队为依托的人力资源管理策略，即以利润分成的方式委托租赁公司通过组织管理手段管理部分司机，使这些司机建立对平台的认同，进而提供稳定且高质量的劳动。

根据政府管制行为、平台端市场条件和劳动力市场条件的不同，平台在不断地调整劳动过程治理方式。在起步时期，平台采用以外部劳动力市场为主的治理方式，将自身定位为信息匹配的角色，对劳动过程的介入相对较少。随着出行市场垄断格局的形成，平台开始采用线上绩效评价、线下组织管理等方式，介入劳动过程的程度不断加深。

在理解出行市场的运行时，光靠对平台管理策略的研究是不够的，我们还需要研究劳动者的主观反应是什么，以及他们为什么持续参与到出行市场的运行当中。通过对样本司机的访谈，我们认为很难用一种机制来概括劳动者的主体性表达机制。劳动者的认同是在若干种机制的共同作用下形成的，其中包括：第一，建构"游戏者"的身份。在平台的设计下，开车成为一项程序化的工作。司机只需要遵循平台的指令，就可以完成接送客人的工作并且拿到酬劳，不少司机觉得这个过程"挺好玩的"。同时，这是一个没有监督人员在场的工作过程，和工厂、办公室中的工作形成了鲜明对比。受访司机曾多次提到这份工作"不受别人控制""挺自由的"。我们认为，正是"游戏化"的工作流程设计使得司机更容易在其中建构起"游戏者"的身份，淡化对工作场所劳资对立的想象，从而形成对这份工作的认同。"游戏者"身份的建构也发生在绩效评价的过程中。由于平台并未公布服务分评价规则以及服务分和派单机会的关系，探索这些"秘密"成为司机的兴趣和司机之间讨论的话题之一。这个过程和游戏中的"闯关""打怪"非常类似，有助于增强司机对于平台的黏性。第二，从虚拟社区和线下组织中获取认同。组织理论认为，在标准雇佣关系下，职业身份（专用人力资本）、企业组织、长期契约乃是劳动者建立身份认知的重要途径（Alvesson & Willmott，2002）。这种身份认知是劳动者减弱不确定感、增强工作稳定感的重要依托（Ashforth，Harrison & Corley，2008）。当没有这些组织安排的时候，在没有通过组织承诺换取工作保障的条件下，平台司机通过虚拟社区和与线下组织建立联系来实现对环境的掌控和身份认同。"对环境的掌控"指的是他们需要对信息、自己的时间安排、自己选择的后果、工作风险的一种"掌控感"（Petriglieri，Ashford & Wrzesniewski，2019）。例如，在第二阶段，当平台建立了更多的规则之后，司机通过建立微信群的方式来收集、互通信息以分散风险，通过采用技巧"钻平台漏洞"、对抗平台的规则来提升对工作相关因素的掌控感，增强收入的稳定性。在第三、四阶段，司机在和线下组织建立联系的过程中获取身份认同。租赁公司的组织管理实践，如设立车队、定期培训、非正式的领导–成员沟通，有助于司机建立起职业身份认同。我们注意到，司机将租赁公司称作"单位"，将出车称作"上班"，在出车和收车时间、服务规范、着装规范、接打电话用语、物料领取方面都遵循规范的程序。这种职业身份认同的建立有助于司机持续地在平台上工作。

可以说，劳动者自行组织的虚拟社区（微信群）和平台公司线下组织（租赁公司）的管理实践起到了缓和或转移平台和劳动者矛盾与冲突的作用，但制度化的员工参与和集体协商是缺席的。这就造成了平台上的工作条件和平台所处的市场条件高度相关。当劳动供给对于平台型企业的融资机会或市场地位极为重要时，平台不惜血本补贴劳动者，并创造出灵活、自由、高收入的工作条件；在平台成为市场寡头或占据垄断地位之后，平台经济内部的权力失衡问题往往会逐步凸显。

6.1.1 平台和参与者的"双向自由选择"过程

关注结构变迁或制度变迁的一个核心问题就是变迁的方向（吉登斯所说的"融塑在制度中的'偏向的动员'"）。正如Østerlund和Carlile（2005）所指出的，社会学家所感兴趣的行为或互动往往是在不对称的权力关系下开展的。

平台经济秩序形成的过程很容易被演绎为一种"剥削叙事"，即平台掌握了关键的出行供求信息，因而通过制定可见的规则，并且采用强制或看起来不那么强制的方式来使另一方遵从其规则，从而达到对另一方行为的改变。这种观点强调平台在这段关系中的主导性地位，并默认了平台在一开始就对自身有明确的定位，为之匹配了较为清晰的战略路径。根据前文的考察，我们倾向于认为，在整个过程中，平台型工作的参与主体对自己的定位并不是清晰且一贯的。正如前文分析所展示的，它在特定的文化、政策、制度环境下持续地发生变化。特定工作结构的形成是主体在互动的过程中所采取的一系列策略的结果，最终产生什么结果往往是各方主体无法在事先完全预知到的。

我们借鉴经巴利和托尔伯特（Barley & Tolbert，1997）改进的结构化模型（如图6-1所示）来深入分析平台型工作的结构化过程，试图更好地理解推动工作结构转换的权力性要素。在巴利等人的模型中，"脚本"指代的是在工作过程中的可见的一组流程。通过可见的流程的变化，可以感知到制度层的变化，因为后者是互动的主体双方所默认的一套规则，在经验观察中是不可见的，只有具象化到工作流程中才能为经验研究所把握。结构化过程可以分为四个阶段：①编码（encode）；②实践（enact）；③重复或修正（replicate or revise）；④外化（externalize or objectify）。我们将基于这四个阶段去观察参与到这份工作中的行为主体对这份工作认知的变化，即制度层的演变。

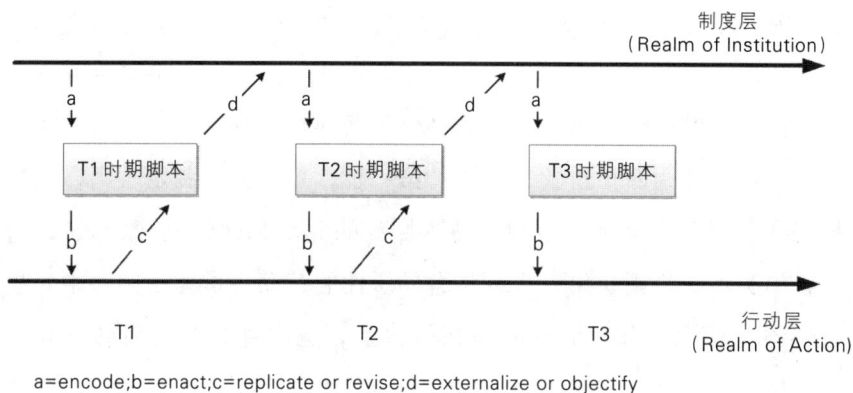

制度层
(Realm of Institution)

a=encode;b=enact;c=replicate or revise;d=externalize or objectify

图6-1 结构化过程图示

在本案例中，我们对四个阶段的描述如下：①平台设计规则（encode）。这些规则包括在应用程序中写明的规则和嵌入程序设计中的算法。需要强调的是，在被司机实践之前，这些规则只是虚拟意义上的存在。②司机实践规则（enact），并在实践中对这些规则做出反应（replicate or revise）。司机的反应可以分为三类：一是当规则与自身利益相符时，完全遵循平台设计的规则；二是当规则不完全符合自身利益但仍可以在既定条件下通过其他方式满足自身利益时，"游戏"规则或另外创造出新的规则；三是当规则与自身利益不符并认为不存在其他调和的方法时，退出工作。平台上司机作为一个整体的实践过程就是平台型工作结构"再生产"的过程。③参与到这份工作中的行为主体对这份工作的认知发生变化（externalize or objectify）。④平台公司观察到被司机实践所创生出来的结构，结合外生的制度冲击和内生的战略调整，决定是否调整规则或放弃规则（another encode process）。这里的规则在进入司机实践之前仍旧是虚拟的存在。

那么，这份工作的结构性特征是如何发生变化的呢？我们用A、B、C代表参与网约车工作的具有不同劳动供给弹性的劳动者群体。其中，A群体对于这份工作的经济依赖性最高，将这份工作"职业化"的意愿最为强烈，因而劳动供给弹性最小；B群体次之；C群体可看作在平台上赚取零用钱或仅为了寻求社交乐趣的"零工"司机，他们对于P平台的这份工作的依赖程度最低，因而容易受平台下调补贴的影响离开平台。我们将结构化过程分为四个步骤来理解：第一步，平台公司制定规则，这里的规则既包括工作规则，也包括技术层面的算法和软件设计；第二步，劳动者"实践"规则；第三步，具有异质性的劳动者群体在实践中对规则做出不同反应，部分劳动者留在平台上，另一部分劳动者转移和退出；第四步，平台公司对规则进行确认。经过了这个过程，我们观察到平台所制定的规则和平台上司机的工作方式变得更加"职业化"或"专职化"。

接下来，我们尝试回答工作结构发生变化的动因是什么。在分析医院引进CT扫描仪后医师和技术助理之间权力关系变化的过程中，Barley（1986）发现，主体对自身角色认知的转变在组织结构变迁当中发挥重要作用。在网约车工作这个案例中，主体更为多元，而且主体互动的场所更加分散、互动的方式更加多样和复杂，因而很难将变化的动机归因于某一个要素。在具体分析之前，我们先就讨论结构变迁的方法进行讨论。吉登斯将"结构"视为一个过程而非实体，他写道："结构是一系列的规则和资源，这些规则和资源既是行动的中介又是行动的结果。"在另一处，他将结构彻底地虚拟化，认为结构是存在于主体意识当中的"心智模式"。按照吉登斯对"结构"的定义，似乎只能将结构的变迁归因于"心智模式"或"认知模式"的变化。除此之外，如果"结构"是"规则"和"资源"的话，将"规则"理解为"心智模式"尚且能够讲通，但无论如何都很难把具有物质属性的"资源"和"心智模式"联系起来。因而，吉登斯的"结构"定义很难解释工作结构的变化。休厄尔针对吉登斯理论的不足提供了解决方案。他提出了"结构"的两个维度：一是深度，指结构的图式维度；二是权力，即结构的资源维度。结构的图式维度指的是对实践构成影响的某种认知图式。这种认知图式往往很难被有意识地察觉，但常常被行为主体实践着。结构的资源维度指的是它能够动员的资源，例如一个国家的军事结构或财政结构往往有着较大范围的动员力量，而小孩子在游戏中所采用的某种语言只能形成小范围的集中。结构的转型是通过图式的转置和资源的重新动员而成为可能的（休厄尔，2012）。

在网约车工作这个案例中，我们既可以看到认知图式的转置，也可以看到资源的重新动员。在前一个方面，本书认为应该更加关注工作参与群体即中国网约车司机群体的特征和这一群体内部存在异质性的事实。对平台型工作经济依赖程度高的司机群体在一开始就将网约车视为全职工作；也有一部分司机将网约车视为打零工、兼职的手段。平台公司将它的规则变化（尤其是派单制、服务分评价，以及借助线下代理机构管理司机等）阐释为"多劳多得""优劳优酬"理念的承载，且参与者自始至终都可以选择参与或退出，在某种程度上符合全职司机群体对这份工作的认知。在平台公司和这些司机的"双向自由选择"中，参与者对这份工作的认知在发生变化。与此同时，劳动力市场条件、国家针对新型业态的治理政策为结构转型提供了广泛的可动员的资源。自改革开放至今，我国经历了农村劳动力流向城镇的过程。这些劳动力的人力资本水平较低，加上城镇劳动力市场的制度性分割，他们难以进入收入高、工作稳定、福利有保障的部门，而是以经营小本生意、打零工、从事劳务派遣工作等非正规就业为主。根据黄宗智（2017）的测算，我国非正规就业人数在劳动就业人口中的占比超过六成。正如第5章所介绍的，这些非正规就业者构成了平台上的核心劳动供给。除了城镇非正规劳动力市场管制不足之外，国家在那一时期的"就业优先"政策，以及通过支持新业态发展淘汰落后产能、刺激经济发展的政策也为网约车工作的转型提供了可利用的资源。

网约车工作结构的演进过程见表6-1。

表6-1　　　　　　　　　　网约车工作结构的演进过程

步骤	时期Ⅰ	时期Ⅱ	时期Ⅲ	时期Ⅳ
平台设计规则（encode）	制定"先到先得""大量补贴"的规则	修订规则,使规则惠及部分群体	修订规则,使规则更加惠及部分群体	修订规则,使规则更加惠及部分群体
司机实践规则（enact）	A、B、C实践这个规则;在实践中,不同群体对规则的反应存在差异	A、B实践这个规则,C退出平台	A实践规则,B部分实践规则,C退出平台	A实践规则
重复或修正规则（replicate or revise）	A、B、C中部分实践规则,连接多个平台	A、B中部分实践规则,形成非正式群体	形成线下管理模式	N/A
外化（externalize or objectify）	A、B、C形成了不同的工作习惯和工作认知	由于C的退出,参与主体对这项工作的认知发生变化	由于B、C的退出,参与主体对这项工作的认知发生变化	职业化的认知形成

在平台型工作的制度（结构）变迁中，平台公司和劳动者都发挥着作用，并非如某些观点所认为的，劳动者只是平台规则的被动接受者。重提上面的一个论点非常必要，那就是劳动者在选择进入和退出方面是绝对自由的。劳动者对既定规则的接受、部分接受和退出，呈现出这一工作群体在劳动供给上的某种灵活性和某种模式，推动着平台公司规则的改变。平台公司的规则又在不断迎合或强化异质性劳动供给群体中部分司机的认知，这一切通过平台资源的再分配来实现。平台公司需要稳定的劳动供给，对平台型工作具有高度经济依赖性的劳动者期待收入和付出的对等，这通过结构迭代的"有偏"过程得到满足。从平台一方来看，制度迭代的"有偏性"是通过它的"灵活性"策略来实现的。它对于自身并没有一个确定的身份定位，如"交易平台""互联网公司""出租车公司"等，而是随时在不同的身份之间切换。典型的"交易媒介"只作为一个选择的变量

存在，而不是某种具有规定性的东西。

正如休厄尔（2012）所说，"资本主义的核心图示不是定义了雇佣劳动关系的那些因素，而是支配了把使用价值转化为交换价值的因素"。美国耶鲁大学的约翰·罗默（Roemer，1982）证明了，资本主义剥削在没有雇佣劳动的情况下仍能进行。资本主义的核心进程——使用价值转化为交换价值，即物品的商品化——非常具有变动性。这个过程几乎不被限制，不仅包括衣物、烟草、锅具这些物品，也包括土地、家务劳作、广告、情感或是知识等，所有这些都能通过金钱相互转化。

6.1.2　平台经济参与者的"市场经济"观念

回到最后一个问题：市场主体的意识形态与数字市场的形成和运行是什么关系？换言之，是意识形态孕育了如此这般的市场，还是市场的运行改变了主体的意识形态？

一些文献强调，这些从事零工工作的人本身是收入低、技能水平不高的市场弱势群体，他们从事平台型工作可以获得收入上的改善（即便不能获得收入提升，但比之前的工作更加自由）。但是，这种观点其实并没有讲清楚这前后两种状态之间为什么会存在因果关系。在过去处于弱势境地就意味着他将来也必须遭受这种命运，这种逻辑是如何成立的？也就是说，这种说法还是停留在现象层面的表面逻辑，并没说清楚其主体性基础是什么。从这四个时期司机的选择来看，它们都是司机在个人利益层面斟酌之后的理性选择。之前从事低端工作并不能说明他们不期望改变，而是在某种社会过程下，他们认为自己除了接受现状没有其他的选择空间。恰恰是有关经济发展、生活水平相对提升（之前太差）的某种叙事让劳动者相信只有全面的市场化，甚至将个人看作一个市场竞争单元才是可行的路径，并通过"多次跳槽""钻平台空子"等看似灵活的方式来寻求对工作和自身的掌控感与确定感。

福柯认为，古典自由主义实际上无比强调政府的力量以及政府和市场的关系，但新自由主义选择性地忽视了这一点。它用市场化的观点看待每个个体，将个体卷入无穷无尽的市场竞争当中。这是一种有意图的建构，但它是被系统性地建构的，不单纯地指向某一个主体。在一系列的并非必然的历史事件之中，形成了某种"话语"，这种"话语"又成了捍卫一系列制度安排的根基，比如对"效率"的过分强调。这种制度下的劳动者只看到了市场化带来的效率提升和收入上涨，从而宁愿相信自己的恶劣工作条件是应当被忍受的，并没有意识到，他们的发展关键在于企业和地方政府的关系。黄宗智认为，地方政府以低廉的劳动力成本作为招商引资的筹码，从而对企业遵守劳动法规的情况不予追究。劳动者无法意识到，在发展路径的选择上，除了牺牲自己还有其他选择的可能性。劳动者的灵活性、自主性体现在他们有权选择在一个平台上的工作时间和工作地点，或根据待遇的不同在多个同质性平台之间流转。但是，这改变不了他们在就业市场上的弱势地位，也改变不了他们承担着社会风险的事实。从后一个角度来讲，他们又是极度不灵活、不自由的。这里面渗透着分析层次的区别，不再是考虑某一个平台的劳动过程和工作场所的互动，而是将整个非正规经济领域放在一起来考虑。

在持续的非正规就业经历下，劳动者内部存在着"效绩主义"文化。在访谈中，司机频繁提到平台的发展是"市场经济的体现"，网约车替代出租车是"市场的力量"，是"时代发展的必然趋势"；在市场经济下，每个人都应当"靠自己""爱拼才会赢"。他们往往非常注重当下的收入，而不在乎官方给予的保障。在访谈中，我发现过于纠缠关于劳动关系、社保等问题，在他们看来是没有意义的。此外，在平台劳动者中间有广泛的"自组织"存在。这些"自组织"往往具有显著的实用主义属性，其主要功能是服务于劳动力的持续供应和劳动力的再生产，而不是对既有生产关系的改变。它不具备类似于工会的承担集体劳动关系治理功能的条件。自组织的存在可能有助于削弱单个平台公司在市场上的主导性地位，但是并没有在结构上改变力量对比情况。

和马克思笔下的主导性的资本"从上到下"控制劳动过程相比，本书认为，中国低端服务业的"平台化"更呈现出一种"从下到上"的"劳动力市场控制"特征。根据汪建华和张书琬的定义，"劳动力市场控制"是和"劳动过程控制"相对应的概念，具体指围绕着劳动力的购买过程（而不是劳动生产过程）而形成的，通过复杂的组织体系、游戏玩法和权力关系来支配劳动者的过程。其中，并非有一个主体主导了这一转型过程，它是多个主体互动的结果（汪建华，张书琬，2019）。由于具有"社会性"色彩的虚拟组织和线下组织并没有促进工作场所的员工参与，我们认为，不是市场"嵌入"社会，而是"社会"服务于"市场"的运行。

在《全球"猎身"》一书中，人类学学者项飙通过对印度IT工人的考察，分析了IT工人的社会网络如何通过"嵌入"的形式支持了实质上的"去嵌入化"。在这本书中，他写道："世界经济的'抽象化'绝不是什么'经济法则'驱使下的必然的、不可避免的结果；相反，抽象化是通过对各种制度的重新安排，通过在不同层次上的一系列不平等社会经济关系之间的相互作用，通过特定的意识形态，而被构建出来并得以支撑的。在另一方面，尽管抽象化受到既有制度的强烈作用，这并不体现为一个简单的'嵌入'过程……尽管本书充分注意到网络的重要性，但是我要强调……（网络）使这些流动更加全球化、多向度……其结果是，全球劳动力市场在整体上变得更加不确定和易变，从而归根到底促进了'去嵌入化'的过程。"（项飙，2012）这段话也可作为我们所考察案例的诠释。

6.2 演进过程的物质性因素

数字技术本身并不会起决定性作用，它是和诸多制度性、结构性要素交织在一起而发挥作用的。因为物质性因素（算法）"拒绝"了平台公司的某些目的性行为，其具体策略的执行效果出现了偏移。在一种替代型模式下，新的行动主体可能被引入，一种新的工作关系会逐渐形成。这还是回到了下面的问题：为什么在中国平台型工作会形成以线下公司为主导的"准组织化"管理模式？物质性在其中扮演着什么角色？

有一种观点认为，应当重点关注使用技术的"动机"，即只有在特定的条件下，某种技术才会被使用，否则我们无法看到特定技术的应用。因此，技术必然是为了满足资本获利的需求而被使用的。在《平台资本主义》一书中，作者分析了从20世纪六七十年代以来产业平均利润率的下降，认为使用数字技术、发展数字经济才是压低成本、提升收益的尝试。在针对平台型工作的研究中，有观点强调当前的结构性失业、全球化分工、新自由主义思潮对于平台经济的促进作用，认为应当从资本主义历史发展的角度看待技术的应用。放到中国的情境下，正是产业结构转型，非正规就业和不充分就业情况的存在，为平台经济的发展创造了条件。这种观点强调社会关系的作用，将技术作为社会关系的体现，而忽略了其本身的物质性因素。它将"动机"与"实际效果"等同，化约掉了事物发展的过程。按照上文的分析逻辑，从理论上讲，"物"的因素（物质性）在过程中发挥着作用。这样的物质性可能否定原本的"目的"或"意图"，也可能促使"目的"的实现方式发生改变。这个过程并不是一开始就设定好的"支配"、"统治"或"控制"的过程，而是不同主体之间"协商"的过程。只有还原这一协商过程，才能揭示出工作是如何"重构"的，技术的（物质性）和社会的因素是如何缠绕并彼此决定的。本书认为，技术的物质性体现在以下几个方面：

第一，平台公司的策略是通过有物质性参与的过程而制定和实现的。平台公司通过特定的算法、软件界面、计算机语言设计来实现其构想，按照平台公司出行部门研发人员的说法，是"通过不断地优化算法，使匹配过程更加合理和高效"。但是，在实现方式上，因成本因素或技术瓶颈，平台公司从最初的市场推广开始，就是凭借着技术模块（物）和补贴、广告宣传的协同作用才实现策略的。例如，在地铁走廊布放大幅广告牌，这些广告牌上写着"轻轻松松，月入过万"的标语；通过多种媒体渠道呈现促进社交、共享出行、绿色出行的应用场景。

第二，由于一系列的物质性，平台在互动中遭遇算法逻辑与体现在工作实践中的物质性产生的冲突。尽管从理论上看，出行服务主要是供需匹配的过程，通过线上的算法设计可以高效实现，但是，如果深入到劳动过程中就会发现，它是与诸多元素交织在一起的，包括城区道路、交通状况、司机的驾驶习惯和乘客的行为习惯等。这些元素交织，表现出极强的"个性"因素。互联网平台一般是通过嵌入在应用程序中的传感器来"收集"司机的工作信息的，通过这种方式收集的信息必然有局限性，无法获知司机在当时、当地的工作行为和工作习惯。例如，当乘客要求司机绕路接人，而后又举报司机绕路时，平台就没有能力对这项纠纷进行责任认定。当平台无法通过软件获取相应的信息或解决问题时，它会尝试其他的路径。例如，当算法无法采集司乘矛盾、交管部门抓车等相关信息从而对平台司机的劳动供给产生影响时，平台公司联系对当地情况更为熟悉的租赁公司，将这部分司机管理职能委托给线下组织去做。这里需要强调的是，我们不能说与算法有关的这些"性质"是内在于技术本身的，而是它出现并且仅出现在特定的实践方式之下。"人"和"物"的区分并不是一开始就设定好的，而是与特定的目的性行为密切相关的。也就是说，用不同的方式解决问题，就会遇到不同的新问题，这些新问题是在有算法物质性参与的过程中慢慢揭示出来的，具有不可预见性。正是在这样往复迭代的过程和尝试中，人类对某一个工具能做什么、不能做什么，也就是它的结构性特征进行归纳。这有助于对相对新兴的技术、组织变化的过程进行更为深入的理解。物质性不是被植入的，在付诸使用之前，人无法知道技术体现出来的结构性特征或物质性是什么。随着探索的深入，以往被物质性拒绝的行动，也可以通过对技术的再设计予以解决。因此，物质性属于未知的领域，具有广阔的可能性，它永远向人们敞开，探索与物质性缠绕的社会互动过程就是科学研究的过程。

第三，司机对于工作的认识是通过有物质性参与的过程实现的。若想参与平台型工作，劳动者只需要先进行简单的注册，随后通过司机端应用程序登录上线，接下来按照软件界面的指示一步步完成就可以了。在这个过程当中，平台的算法为司机进行在线匹配、路程导航、订单价格结算等。这些"技术"层面的设计为司机提供了优于巡游出租车的体验，使他们认为网约车模式更有效率、更加可靠，网约车出行将是"未来的趋势"，并且愿意积极参与到变革当中。这里，技术的物质性不仅体现为它的可供性和限制性，非人类的"物质"也积极参与到司机认知的形成中。

第四，技术的物质性也体现在：司机从自下而上的视角感知、理解算法对劳动者的管理和规制，并逐渐摸索出一套对抗算法的主体性策略。在整个过程当中，司机与平台的关系都是相当松散的。基于劳动过程理论的研究认为，司机被"卷入"平台公司设计的"赶工游戏"，参与到对自身的剥削过程当中；事实上，司机在每时每刻都进行着权衡，在日常的工作实践中形成了一套对抗算法的主体性策略。例如：①在平台成立之初，算法和工作管控规则还未建立完善，存在大量"挑单"的情况，甚至在"拒单"行为没有被纳入服务分考量之时，"挑单""拒单"情况普遍存在；还有些司机利用平台的管理漏洞和乘客进行线下交易，从而避免交纳20%左右的服务费给平台；甚至，个别司机利用平台漏洞"刷空单"，骗取平台的单数奖励。据访谈中的司机透露，在2015—2016年平台管理还不规范的时期，个别司机通过这种方法一天就能够套现数万元。②司机的"多属性"，即司机下载多个终端，在不同的网约车平台或在线工作平台之间选择，哪个平台价钱高就选择哪个。③建立线上和线下社群也是司机对抗算法的重要渠道。最为普遍的是通过微信群或租赁公司组织的线下交流方式研究更有效的"赚钱"策略。一些司机提到，平台提供的显示供求信息的"热力图"有时是骗人的，"看那个区域很红，等开到了就没单了"；也有一些司机反映，平台并不是就近派单，与其听从软件指示去"高需求"

的地方，不如遵循自己的经验，后者更可靠。总的来说，他们通过交流经验、共享接单信息形成了自己的一套主体性策略。类似的策略还包括提升服务分的技巧等。一位司机提到，在P平台对每日上线时间进行限制[①]之前，他们夫妻二人日夜倒班积累单量"刷"服务分。对于劳动者来说，技术并不是一个他们无法"作用"的、具有内在固定结构性特征的实体。从司机的谈话中，我们观察到，实际上，平台公司并没有也不能对软件的使用方式进行设定，司机也并不一定就完全去遵循软件的流程。他们为了自己的目的在和软件"互动"的过程中，不断发现软件的性质。他们之间的经验交流也包括如何"游戏"软件的部分，比如平台提供的信息哪些是不可信的（通过实践验证是无效的），可以利用哪些"漏洞"来多赚钱，怎样提升服务分（因为平台并没有给出服务分的计算规则，而司机靠私下里的交流渐渐摸索出提升服务分的规则）等。他们在实践中渐渐摸索出算法的物质性。因为使用方式的不同，不同的司机之间也就有了不同的答案。这种区别源于与算法互动过程的不同，包括在多大程度上掌握了算法的物质性，掌握了哪些物质性，以及通过哪些补充方式来辅助工作。

处于特定情境下的主体对新的出行模式形成认知，并付诸实践。以上提到的这些都构成了主体所处的部分场域，具有塑造主体认知的潜在作用。司机在注册成为平台用户后就可以按照应用程序上设定的一系列流程工作并获取收入。主体的认知和这一系列实践过程是分不开的。这并不是说，平台对"物"即软件、算法的设计，对主体认知、阐释模式的塑造具有决定性作用。我们认为，主体认知和实践是全然自主的过程，它内化在工作流程，"人"与"物"的交互、缠绕当中，并且受主体所处环境和自身经历的影响。要注意到，司机对网约车模式的体验和反馈在某种程度上

[①] P平台为了回应司机疲劳驾驶问题，将每日上线时长控制在16个小时之内。

都是特定的和具体的。它并不是对通用的数字平台媒介的反馈，而是在特定的程序、算法（物）设计，游戏规则（社会）设计，社会情境，以及自身经历共同作用下的结果。在网约车模式进入市场前，出租车行业被诟病已久。除了少数地区之外，大部分城市的出租车都是以"租赁牌照"或"租赁牌照+车辆"的方式运营的。出租车公司除了按月收取规费（份子钱）之外，对出租车司机不存在实质意义上的管理或服务。因此，出租车司机对网约车的"抵抗"情绪主要来自后者分割了前者的市场，在承担不变数额规费的条件下，他们的收入下降了。开网约车的主力群体是曾经的"黑车"司机和就业不足的私家车司机，网约车模式赋予了他们从事这份工作的合法性。更重要的是，用户越来越偏好以网约车模式出行，这构成了网约车模式巨大的潜在市场。倘若同样是以平台作为出行供需双方的媒介，但平台并不提供补贴来支持司机提升收入，或者主体换作收入较高、不愿从事这类工作的司机，或者当地出租车行业已经能够高效地满足出行需求等，那么在这些情境下，我们都不一定能看到特定的阐释和实践的形成。因此，这个过程不可简化为"技术"（物）层面的设计，也不可化约为社会关系的决定性作用，而是"物"和"人"交互的整体过程的结果。

正是因为算法、软件，以及工作所涉及的手机、车辆、城市道路状况等一系列"物"的参与，数字技术下工作的重构才呈现出更多"非决定论"的色彩。正如我们所看到的，"平台型工作"这个范畴所指代的对象体现出较强的异质性。同样是以数字平台为媒介的工作，管控方式、参与主体及缔结契约的模式都有所不同；同一平台在不同国家和地区之间衍生出来的工作模式也有不同。因此，过于强调权力对抗而忽略物质性，并将权力对抗所得出的结论不加审视地推广到其他平台是不可靠的。数字平台劳动具有其内在的规律性，因此可以作为科学研究的对象。但是，这里的规律性因素不体现在研究变量的一致性上，而是更多体现为在元理论层面上分析模式的共享。在科学、技术、社会（STS）研究中，关于物质性的探讨因为其抽象性和哲学性常常无法受到主流学者的关注。尤其是在虚拟技术日益发达的今天，当呈现在大家面前的技术形构变得不可见、不可进入时，关注隐藏在其背后的物理表征就变得更具挑战性。但是，这并不意味着技术的物质性研究应该被忽略。一方面，很多技术的物质性延展在城镇化和全球化发展中承担着重要的基础设施的（infrastructural）功能；另一方面，这些物质性的"人""物"关系网络凸显了技术政治与底层叙事、物质依附和自我赋权之间的张力角逐。算法技术的物质性面向不应该被忽视，它深刻影响着数字经济下的劳动政治和中国的社会转型。

这是否可以看作平台型工作权力关系的一大典型特征呢？物质性是全然中立的吗？神秘的物质性和权力有着怎样的关系？我们是否可以讲，最终的结果一定是平台公司（资本）在这段关系当中占据主动和强势地位？遵循过程分析的视角，我们应当关注以下两个问题：①哪一方具有接近、改变技术设计的机会？②双方对技术的作用方式是怎样的？也就是说，双方的影响性力量是如何传导的？在这个工作系统当中是如何作用的？在本书的案例中，我们也可以看到这个过程中司机在时间点上的"滞后"。每一轮算法的设计、规则的调整都是由平台方发起的，司机只是规则的接受者；司机的"反作用"体现为应用算法和规则时自己行动的变化。如果司机利用算法实现了更多的利己行为（也就是损害平台方的利益），平台就会更加迅速地调整算法。所以说，在这个过程当中，如果将司机看作一个整体，他们总是被动的。不可忽略的一点是，司机一端具有较强的异质性，对平台规则研究更深入的司机能更好地占平台的"便宜"，而零工司机则是利益受损的一方。这成为司机向平台公司发射的"信号"。相应地，平台公司会根据司机的反应设计出有差异性的规则，以激励部分司机的方式来对有限的资源进行二次分配。司机调整的速度显然慢于平台的速度，这就是双方权力关系的典型特征。由于平台司机存在异质性，专职司机利用司机整体的灵活性增加自己的权益，以及满足自己的职业化需求。我们也可以注意到，这一系列工作条件的提升，不是他们自己争取的，而是被动获得的。从案例中可以推演出，平台上的劳动者（尤其是专职司机）由于长期从事非正规、低保障的工作，其自身人力资本水平也较低，并且往往缺乏组织的意识，因此更有可能占据被动的地位。这被认为是新自由主义思想渗透到工作场所的后果之一。

物质性和技术可供性（technology affordance）为我们提供了一个分析算法技术和数字劳动的新视角（孙萍，2019）。以往的数字劳动研究多倾向于分析技术如何影响了传统的劳动关系，而忽略了劳动和技术在"实践"层面的物质性表征（Glöss，McGregor & Brown，2016）。算法技术的使动性在数字经济背景下提供了一种"人""物"联结的新视角，它既不是单纯的客观存在，也不是主观感念，而是一种可以承载行为和行动的可能性，它既面向客体，又指向主体。如果从"人"和"劳动"的视角出发，算法的技术使动性嵌入了自下而上的数字劳动中，并通过一系列的平台基础设施"排置"（dispositif），如手机、车辆、交通路况、线下组织等得以展现。

6.3　演进过程的或然性特征

虽然上面归纳出了结构演变的模式，即主体对其他主体施加作用或施加影响的方式，但是这并不意味着类似的模式和工作结构必然会在其他案例中出现。一种工作结构的形成不是一个简单的控制与反控制的过程，而是充满了意料之外的效果。工作的结构化过程不是预先就设计好的有意识的行动，而是不同主体为了追求自己特定的利益而发生互动的不经意的后果。因而，要理解工作的变迁，就必须采取自下而上的视角。如吉登斯所说的，所有社会变迁都取决于不同的环境因素和事件的关联，这种关联的性质因各种具体情境而异，而情境又（始终会）涉及行动者的反思性监控，这些行动者置身于各种条件之中，并在这些条件下"创造历史"

（Giddens，1984）。因此，我们要关注的是支持这种结构演变形式得以可能的条件，吉登斯将它们分为"权威型资源"和"配置型资源"两种。随着外部制度环境、双方行为互动的不同，可能会产生不同的工作结构，因为后者乃是某种显现出来的东西，和可用的资源、材料密不可分。

在对整个案例的分析中，我们发现，网约车模式在推广当时所处的社会条件对于其获得存在的合法性和最终的"准组织化"运行非常关键，为平台型工作结构的演进增添了更多不确定色彩。这体现在：①出租车行业的低效运行，如结构上的供不应求、服务态度差、乱收费等成为社会的共识，司机对居高不下的"份子钱"较为不满。此外，在不少城市，由于私家车持有量的迅速上升，交通拥堵、空驶率高也是显而易见的现象。在这个背景下，P平台在发展之初大力宣传"共享出行""节约能源"的理念，将自身塑造为一个"分享平台"而非"传统出租车公司"，这是和社会大众的期待相符的。②在劳动力市场方面，中国大城市中存在大量非正规就业和不充分就业群体，他们对提升收入水平和增强收入稳定性具有较高需求。P平台在推广网约车模式的过程中，大力宣传这份工作灵活、拓展社交渠道（和乘客）、无须交纳规费、提升收入等优点，这都符合劳动者对一份工作的期待。③从工作性质来看，以出租车为代表的出行服务占用公共的道路资源，是城市交通管理体系的重要组成部分，因此这一行业历来是由政府参与管制的。在网约车模式出现以后，一方面，由于平台公司提供大幅补贴压低价格，一时间网约车的运价甚至低于乘坐公共交通工具，造成城市道路资源过载；另一方面，网约车发展直接冲击了出租车行业，相关主体利益受损。这是政府介入网约车管理，推动网约车"合法化"的重要原因。而这一政府规制间接暗示了网约车"职业化"的走向。④由于道路资源供不应求，中国特大城市实行了牌照管理政策，对非本地牌照车辆的运行时段予以限制。这就衍生出一批以租赁汽车和租赁汽车牌照为业的租赁公司，它们的存在为司机管理向"线下"转移创造了条件。

如果换作其他工作，是否会呈现出同样的结构化过程，达到"职业化"的结果？本书认为，应当避免对这种模式进行泛化处理，应当注意到结构化过程中蕴含的诸多或然性因素。第一，如果不存在微信群、已有的线下租赁公司，那么传导权力的媒介可能是另外一个东西。这里所涉及的是权力施行过程中的物质性。上面分析的"模式"不会具体到显现出来的现象层面。第二，由于掺杂着物质性，主体互动的整个过程是无法被预知的，因为物质的特性能且只能体现在实践中，体现在目的性的行为中。起作用的是人和物组成的系统，用 Latour（2005）的话说，就是一个"行动者-网络"（actor-network）。若干个"行动者-网络"的叠加、交互构成了权力关系运行的全貌。同样无法被预知的还有互动的结果。由于物质性的存在，新的主体、结构可能生成。而这些主体、结构无法被归于任一主体意志的延伸。它一旦被创造出来，就具备了自身的能动性。例如，在这个案例中，履行司机管理职能的租赁公司在工作系统中扮演着越来越重要的角色。在未来，它是否有可能同时和若干个平台合作，或者作为一个司机群体的独立代表和平台公司进行协商来为司机争取相关权益？理论上存在这种可能性。第三，不同工作的社会属性是不同的，它与替代型行业之间的关系也是不同的，政府在管理这类行业时采取的策略和扮演的角色也会不同，这些都会影响到平台型工作的结构化方向。目前关于平台型工作的研究，普遍具有将"意图"等同于"行为结果"的倾向。这种等同鼓励了"决定论"式的思考方式，而忽略了在互动过程中可能出现的种种变数，以及难以预料的结构的生成。这一点在平台型就业这种松散的工作组织模式中更加重要。

6.4 小结

本章就出行领域"平台化"的过程做了初步分析。本书认为：①在中国，网约车工作的演进既不能用个体理性的角度来解释，也不可视为制度变化下组织被动适应的产物。网约车"组织化"管理方式的演进正是通过平台公司和平台上的全职司机的"双向自由选择"而实现的。本书主张从平台型资本积累逻辑的特殊性和专职劳动者之间的"效绩主义"文化两方面来理解这一"双向自由选择"过程。②在工作的协调方式上，劳动者自行组织的微信群和平台公司的线下管理机构起到了缓和或转移平台和劳动者矛盾与冲突的作用，但是需要指出的是，这种低制度化的协调方式很难代替制度化的员工参与和集体协商。③平台型工作的结构化过程具有或然性，并受平台基础设施"排置"，如手机、车辆、交通路况、线下组织等物质性因素的影响。因此，平台型工作"组织化"、平台经济参与者"职业化"的现象并不一定会在其他平台中或其他国家（地区）中被观察到。

本书的创新之处在于没有将"共享经济""平台经济"的某一系列特定的"本质特征""内在属性"作为分析的出发点，而是认为"平台经济"在实践中可能存在多样的潜在运行形态，它最终呈现出来的样态是由特定制度环境下的多方主体实践所创生出来的。判定平台型工作性质的关键在于分析主体互动过程中呈现出的权力关系。

第 7 章

结　论

人们自己创造自己的历史，但是他们并不是随心所欲地创造，并不是在他们自己选定的条件下创造，而是在直接碰到的、既定的、从过去承继下来的条件下创造。

——马克思

7.1 主要研究结论

本书从平台公司、网约车司机及相关市场主体的实践出发，考察了出行领域"平台化"和平台型工作的整个演进过程，并在此基础上讨论了劳资双方的权力关系发生了什么变化这一问题。本书的主要发现如下：

（1）平台型工作的表现形态极为多样

在不同的政府（包括中央政府和地方政府）监管态度、制度环境、竞争对手策略、平台公司策略及劳动者策略下，不同的工作结构从劳动者的工作实践中被创生出来，形成了不同的工作条件。网约车工作经历了若干发展阶段，从最初平台几乎不介入劳动过程，到随后平台通过线上"算法"控制工作过程，再到通过线下"组织化"的方式管理司机。在每一个阶段，平台型工作的组织形式不是平台公司单方面设计的，而是在特定的制度情境、资源、文化背景下，带有不同目的的多个主体互动的结果。所以，本书认为对于平台型工作在不同国家和地区间所呈现出来的异质性应当从其不同的结构化过程来理解。与西方国家的"共享经济"和"零工经济"不同，我国的平台经济具有明显的"产业化"特征。具体地说，"产业化"是指某种产业在市场经济条件下，以行业需求为导向，以实现效益为目标，依靠专业服务和质量管理形成的系列化、品牌化的经营方式与组织形式。平台公司所促成的不单纯是服务供需双方的线上交易，还带来了产业内部结构的变化，形成了以平台公司为中心、诸多线下机构为外围的产业生态。我国的平台型就业具有明显的"全职化"特征，即出现了和全职工作相匹配的组织管理和劳动过程控制方式。

（2）平台型工作秩序协调方式多种多样，但它所暴露出来的权力失衡问题值得重视

既然平台资本主义的表现形式是多样的、偶联的，那就应该放弃从某

个静态的经济形式中寻找平台资本主义本质的做法，而应当从工作秩序协调过程中考察主体之间的权力关系。在平台公司参与到生产组织和服务提供的过程当中成为社会生产系统的重要主体之后，原先在物理空间内分散进行的经济活动（例如供需匹配、订单分发、信息展示等）被转移到平台所创造的网络空间中集中进行；原先在生产单位中管理人员和工人面对面的工作协调方式转变成由平台所制定的工作规则和算法来集中协调的方式。在对数字工作场域秩序的协调中，劳动者自行组织的虚拟社区（微信群）和平台公司的线下管理机构起到了缓和或转移平台和劳动者的矛盾与冲突、使劳动者建立职业认同的作用。作为一种非制度化的工作关系协调手段，我们在承认这种协调方式的作用的同时，也要重视其局限性。尤其是随着平台经济市场结构趋于稳定和集中，需要持续关注平台经济内部各主体围绕工作规则和算法的协调能否以及如何展开的问题。

（3）工作"平台化"实质上是一种自律性市场观念（"效率"）在社会主体当中逐步渗透的过程

本书借鉴了福柯的"权力场"理论来考察平台型工作的权力关系。这种理论将权力看作一个场力结构而不是某个主体的所属，并提升到本体论上的优先地位来分析。具体而言，本书考察了已经呈现出来（而不是停留在假设中）的主体性的存在基础。

劳动者的意识形态不完全是在狭义的平台上的劳动过程之中产生的，而是产生于平台劳动过程之外，是在新自由主义的话语和语境下形成的。而这种话语被中国改革开放后的经济发展轨迹赋予了合法性。它表现为劳动者之间的"效绩主义"文化。本书反对将布洛维在芝加哥工厂民族志研究中的发现，即认为主体性是由生产领域的一系列制度安排所塑造的（他称之为"制造同意"），刻板地移植到对平台劳动者行为的解释中，认为平台通过"游戏化"的规则设计和界面设计塑造劳动者的意识形态。本研究发现，平台型工作"投入产出关系直观""进入退出灵活"，符合劳动者的工作文化，使他们乐意加入平台型工作，从而为这种工作模式的再生产创造了条件，工作"平台化"实质上是一种自律性市场观念（"效率"）在社会主体当中逐步渗透的过程。

数字技术不必然赋权于企业，也不必然赋权于劳动者或国家。物质性体现在算法、手机、车辆等一系列物质的"排置"上，它的存在使得"平台化"进程更具不确定性。数字技术的应用对主体身份认同、实践有哪些改变和如何改变，将是未来重点关注的研究议题。

本书的目的在于理解中国平台型就业现象，而非奢求将本书的发现做普世推广。正如本书多次提到的，工作"平台化"既不能还原为某个或某一系列结构性因素的作用，也不能认为是某一主体纯粹意志和任意行为的结果，而是应当关注主体之间的互动呈现出哪种模式，并在其他案例中寻求验证。换言之，应当寻求一种理论上的推广（theoretical generalization），而不是在具体变量层面统计意义上的推广（statistical generalization）。要理解这种就业模式以及它在不同地区呈现出的异质性或趋同性，不应当与其所处的社会情境、主体之间的互动在实践过程中体现出的物质性割裂开而做单独考察，要意识到它们是彼此依赖的条件。①另外，本书认为，事实是被实践所建构的，总还有反叛/改变的可能。主体的"能动"恰恰构成了整个系统运行的基础，而不是与之相悖的东西。

本研究的局限性主要体现在研究方法上。第一，研究以访谈而不是长时段、浸入式的参与式观察作为最主要的信息收集方式。这在了解司机这一群体、考察他们工作行为背后的动机和理解他们的群体文化方面是有局限的。第二，无法充分掌握已经离开平台的司机的一手数据。本书中有关这部分司机离开的原因、离开之后的去向都是通过二手资料和所访谈的司机的转述而得到的，这直接关涉到本书部分研究结论的有效性。另外，在

---

① 我们不可以忽略，有一批自由职业者从事有创造性的零工工作，他们更像是 freelancer（自由工作者），从事零工工作是他们有意识地、自愿地、自主选择的结果，类似于 Barley 和 Kunda（2002）描述的那样。他们宁愿牺牲掉获取收入的机会，而留出时间来从事他们的兴趣爱好。这也是平台经济的组成部分。

本书样本中兼职司机、零工司机占比过少。一方面，这和获取访谈对象的渠道有关，由于一部分访谈对象是由平台公司联系的，因此以平台上的全职司机为主；另一方面，在随机的乘车访谈中，我遇到的兼职司机和零工司机也不多，这可能与平台倾向型的派单算法有关。

2016—2017年是一个非常特殊的节点。彼时平台型工作刚进入人们视野，社会大众、政府和立法者、劳动者对于"平台是什么""平台如何运转""平台是好是坏""平台会带来什么影响"等问题都还不清楚；平台公司同样处于"试水期"，在快速变化的制度环境中不断摸索可行的运营方式，寻找盈利手段。在这个节点上，新模式和旧模式正在转换，代表着不同模式的利益主体展开博弈，塑造着平台经济的样貌。因此，那是观察"平台化"过程最合适的时机。在写作本书的2020—2021年，距离调查时点已经有三年的时间。在这期间，平台的运行方式、平台公司和租赁公司的关系也在不断地发生变化。其中，最为显著的是平台公司大幅减少了给加盟租赁公司的分成，同时成立了由平台公司直营的租赁公司，负责车辆租赁、司机管理等业务，平台将业务范围向产业链下端延伸。另外，随着地方性实施细则的出台和落地，越来越多的"小平台"在各地出现，甚至还出现了整合所有叫车平台的打车软件——平台的平台，P平台的市场份额减少。在这种情况下，租赁公司和P平台的关系逐步淡化。平台开始着力拓展对公客户业务以及和网约车并不直接相关的自行车、送餐、社区团购、自动驾驶等业务。司机和租赁公司的实质性联系也减弱了，而是更多靠微信群等自组织进行信息互通，依靠同时联结多个打车平台来增加收入。例如，当达到了某一平台的工作时间上限而被暂停接单时，司机就会转向其他的平台接单。同时，还出现了通过设计算法和编写脚本专门为司机服务的接单软件，以及为司机提供相关信息的微信公众号和地区性的微信群。这都是在当年调查时未曾涉及的。

下一步研究将主要侧重以下几点：第一，开展更多的比较案例研究。例如，同样的平台型工作模式，为什么在具有不同制度环境和文化背景的地区形成了不同的结果；或者，不同的技术是否在结构演变的过程中呈现出某种趋同性。第二，对网约车案例开展持续的追踪研究。在近期乘车的随机访谈中，我了解到，部分租赁公司为其名下的认证司机设置了每周最低工作时间的要求，如果周工作时间少于40个小时，则将协同平台公司一起取消该司机的身份认证资格。这说明平台型工作结构处在持续的演进过程中。第三，本书案例中的网约车工作属于在线下发生的"按需工作"（on-demand work），另一类平台型工作是全部在线上开展的"众包工作"，这种工作面向的群体在地理分布上更加分散，甚至是全球的劳动力市场。那么，在线众包类工作是否也呈现出类似的结构性特征和权力关系也是值得关注的议题。

7.2 讨论：是工作条件的升级还是危难工作的再生产？

如何看待在中国形成的平台型就业？如何评价平台型工作结构的动态演进过程？这将是一个反复迭代的过程，还是平台经济初始阶段的特有现象？中国的工作"平台化"代表着工作条件的升级还是危难工作的再生产？综合以上分析，本书的判断倾向于后一种观点。2015—2016年，平台型组织模式被首次引入出行行业，彼时它被认为是降低交易成本、提升交易效率的重要途径。不论劳动者还是平台公司的经营者，对于其实际的运转规则并不了解。平台经济的演进过程不是平台公司单方面推进的结果，而是一系列的社会成员互动、跨国资本、政府治理因素加入后的多方博弈结果，这个过程具有不可预见性。在这个过程中，部分劳动者的工作条件得到了改善。那么，如何识别这段关系当中的权力性要素呢？本书认为，应当关注这种工作条件的改善是如何实现的，即注意到从过程中归纳出来的主体互动机制。例如，①这在多大程度上是劳动者的被动选择？在多大程度上是自己主动争取的结果？如果是后者，这种好的趋向就是可以持续的；如果是前者，司机们其实是被动的。②如果劳动者放弃这份工作，他们会向哪类岗位流动？换言之，在这个工作岗位上，他们是否形成了某种向上流动的积极力量？如果没有，那么他们仍旧是市场经济中最为脆弱的群体。③"职业化"的过程中，他们是否通过某种程度上的聚集形成自为的行动力量？这些问题都关涉到对平台型就业本质的判断。

尽管平台劳动者可以在不同的平台之间自由选择，但在本质上他们仍旧游移于类似的岗位之间。劳动供给的灵活性是平台公司提升工作条件的推动力，它不是劳动者自身主动争取的。这是一种更加宏观的层面上的权力不对称。劳动者是否会被"锁定"到这类岗位上，最终形成"向下发展"的螺旋？在不同的平台型工作间游走，劳动者看似具有自由选择的权力，但是从人力资本积累的角度来看，他们的脚步是停滞的。另外，对于他们而言，"职业发展路径"也是缺失的。从其形成机制来看，国家政策、资本市场和劳动力市场均在助推这种以企业为主导、缺乏劳动者参与的行业升级方式。说到底，这成为危难工作的复制，而不是工作条件的升级。

在很长一段时间里，我们对非正规经济的研究集中在其经济效率上。提出的论点包括：①它比正规经济有效率，劳动者人力资本投资回报率更高；②它可以吸纳就业，在应对"无限劳动供给"现象时发挥作用；③它对经济的促进作用非常大；④从经济效果和就业吸纳能力考虑，应当将它作为短期的政策目标。这在无形中忽视了对微观个体的关注，即认为中国尚属于发展中国家，在某种程度上牺牲公平换取效率是正当的，但是，社会层面的问题也不应被忽视。非正规就业的"高效率"恰恰是由低廉的劳动力和较为恶劣的工作条件所支撑的，"效率"高的这一部分在分配上并没有向普通劳动者倾斜；非正规就业的人力资本回报率比正规就业高，恰恰是因为正规就业和非正规就业之间存在制度性分割，没有自由流动做前提的分析结论是不可靠的。长此以往，可能导致收入分配越来越不平等，形成潜在的社会矛盾。司机对于"多劳多得""市场机制""市场规律"有一种天然的"崇拜"心态，尽管他们说不清楚"市场"具体指的是什么。利益受损以后，他们往往将原因归结于平台公司、政府或竞争对手，而很少反思自己的观念。这些分析已经超越了单纯的劳动过程范畴，而体现出资本主义生产在社会空间之内的新的特征。它伴随着对所有日常行为的"货币化"，劳动过程的边界变得模糊，这类似于贝克所说的"风险社会"的一般特征，是"现代性"的一种新型表现形式。

虽然网约车仅仅是中国数字经济和平台经济蓬勃发展景象的一个缩影，但是通过对网约车个案的分析，我们可以对更广范畴内的中国平台经济和平台型就业做一些尝试性的分析。总的来说，本书认为，在现阶段，我国平台经济具有促进行业升级、创造就业的"造血功能"，但如果未得到有效治理，则会彰显"嗜血本性"。一方面，平台经济促进了行业服务方式的升级。不论是网约车、外卖，还是家政、零售，"平台化"在一定程度上盘活了一部分资源，起到了提升行业生产和服务效率、促进交易匹配、改善服务质量的作用。在经济转型期，尤其是外部环境欠佳和受新冠肺炎疫情冲击的当前，平台经济创造了大量的就业机会，此为平台经济的"造血功能"。另一方面，如果未得到有效治理，平台经济和平台型就业会野蛮生长，带来风险。这表现在以下几个方面：

第一，平台经济会利用既有制度安排的缺陷扩大其负面效应。这些缺陷既包括细分市场的管制空白，还包括劳动用工相关的管制空白。可以观察到，既有制度越是存在监管盲区，劳动用工管理越是宽松的行业和地区，平台经济和平台型就业发展就越快。例如，一些企业为了规避社会保险和税收等成本，与人力资源服务公司或平台服务公司合作，诱导与其建立劳动关系的劳动者注册为个体工商户，从而出现了"核心员工合伙化、非核心员工合作化"的情况，显现出去劳动关系化趋势。投机性资本会放大这种制度性空白的风险。高补贴的竞争手段可能破坏市场的正常生态，挤出原有市场中多元化的主体，将风险、不确定性带入到经济系统当中。

第二，劳资力量对比不平衡的问题更加严重。产业生态链是平台经济的重要调节渠道之一。它在为平台提供高度灵活的劳动力队伍、规避用工风险、消解劳动者不满等方面起到了至关重要的作用。但是，产业生态链的目的是支持劳动力市场的灵活性需求，劳务层层转包、风险层层转移是产业生态链的重要特征，这可能导致市场进一步的"脱嵌"趋势，呈现出"劳动力市场控制"的状态。在这里，"劳动力市场控制"是和"劳动过程控制"相对应的概念，具体指围绕着劳动力的购买过程（而不是劳动生产过程）而形成的，通过复杂的组织体系、游戏玩法和权力关系来支配劳动者的过程。在某种程度上，平台公司和个体劳动者之间的权力不平衡问题更加严重。如果经营主体的经营风险借由市场化可以转嫁给政府和民众，而利得只是让少数经营者享有，那么平台经济的"嗜血本性"就会彰显，而一些政策的执行效果也会被扭曲。

第三，不利于劳动者的人力资本积累。平台经济所创造的并不是就业机会的"净增量"，而是对旧的业态中工作机会的替代。从长远来看，这种就业模式对于劳动者的人力资本的提升作用有限，它所支持的是短期利益导向的投机行为，而不是长期的人力资本积累。

7.3 管制难点和政策建议

通过以上分析，本书认为部分平台型工作"职业化"已经是非常明显的事实。通过网约车的案例，本书呈现出平台型工作的"职业化"是如何通过平台公司和劳动者的双向自由选择过程而逐步实现的。这是中国劳动力供求状况、产业发展状况和制度设计下产生的必然结果，平台型工作的"职业化"不是平台作为管理一方单向推动的，而是在多方社会主体的参与下建构而成的。我们已经看到，政府政策对工作的结构化过程会产生较大的影响。平台型工作结构的演进过程与政府制度因素息息相关，尤其是网约车的合法化直接促进了这个行业向"职业化"的发展。既然在短期内很难期望劳动者形成与平台协商的自为力量，政府在平台型工作劳资关系调节中的角色就变得更加重要。在这种情况下，政府应当结合实际情况制定政策来进行应对。政策的整体目标应是在不打击产业发展的前提下，保护平台型工作劳动者的合法权益，促进利益相关者对发展红利的共享。

2020 年以来，国务院办公厅、人力资源和社会保障部、中华全国总工会、国家市场监督管理总局等先后发布了多项规范性文件。2020 年 7 月 31 日，国务院办公厅发布《关于支持多渠道灵活就业的意见》(国办发〔2020〕27 号)，提出"支持发展新就业形态。实施包容审慎监管，促进数字经济、平台经济健康发展，加快推动网络零售、移动出行、线上教育培训、互联网医疗、在线娱乐等行业发展，为劳动者居家就业、远程办公、兼职就业创造条件。合理设定互联网平台经济及其他新业态新模式监管规则，鼓励互联网平台企业、中介服务机构等降低服务费、加盟管理费等费用，创造更多灵活就业岗位，吸纳更多劳动者就业"。2021 年 7 月 31 日，人力资源和社会保障部等八部门共同印发《关于维护新就业形态劳动者劳动保障权益的指导意见》(人社部发〔2021〕56 号)，提出"保障新就业形态劳动者权益是稳定就业、改善民生、加强社会治理的重要内容。各地区要加强组织领导，强化责任落实，切实做好新就业形态劳动者权益保障各项工作"。这充分说明，加强新就业形态下劳动者的权益保护、补足平台经济监管"短板"将是未来一个时期的重点任务。

按照黄宗智(2015)的分析，《劳动合同法》在部分地区存在有规定无落实的情况，如果政绩考核仍旧是 GDP 挂帅，政府就没有合理动机来推动劳动法律制度的执行。近几年来，中国经济潜在增长率下降，这主要是由于投资、进出口对经济增长的贡献有所下降。下一步的经济增长点将来自国内需求，而国内需求的增长依靠劳动者收入的增长。20 世纪 30 年代，在美国的"经济大萧条"背景下，以工会和集体协商为代表的一系列劳动关系调节制度应运而生，从而保障了接下来近半个世纪经济的繁荣，收入差距稳定在较低水平，劳动者对经济发展成果的共享保证了社会的稳定和民主制度的持续。那么，在当前，我们应当采用什么样的政策来应对平台型工作现象？本书尝试给出如下几点政策建议：

第一，注意到平台型工作的多样性和结构化过程的或然性，避免政策"一刀切"。尽管在案例中，我们呈现了网约车工作"职业化"的过程，但这并不适用于每一项平台型工作。由于行业类别、技能要求的不同，平台型工作呈现出不同的组织样态。可以想见，如果在政策上"一刀切"，要求平台型企业承担雇主责任，很可能对新型行业和新型服务模式的发展产生打击性影响。对于还没有明显"职业化"的工作，应当在发展初期对其持包容态度，包容性地看待零工就业、多职就业、共享型就业模式的出现。

第二，通过明确生产要素权属关系、制定与平台型企业商业模式特点相匹配的监管措施，营造公平竞争的市场环境，防范平台经济和平台型就业野蛮生长。平台经济和平台型就业的快速发展是与这份工作相关的生产要素权属关系界定不清直接相关的。这种模糊的权属关系既为市场创新创造了空间，也为投机性资本的进入创造了空间，破坏了正常的市场秩序。数据权是最明显的例子。目前，与个人行为相关的数据平台是可以免费获取和使用的，平台公司利用基于数据的商业模型获得了巨大的商业价值。如果与数据相关的权属关系和交易规则得以明晰，将会对平台经济的格局带来根本性的影响。又如，网约车的迅速发展在很大程度上是因为利用了公共道路权未被明确的监管盲区。政府出台的"网约车新政"明确了网约车的业务属性，为传统出租车行业转型升级和其他平台型服务商的进入创造了空间。在劳动权利方面，不少企业打着"用工形式创新"的名号，实际上是利用现行税法中个人所得税和增值税的税率差异降低税负，用新的方法逃避劳动法律法规的监管。生产方式的改变要求对相关生产要素的权属关系规则做出调整，建议依照具体行业的特征制定新的确权规则，促进市场主体间谈判力量的均衡，避免形成不良的市场生态。

同时，制定和平台型企业商业模式特点相匹配的监管措施。例如，平台型企业的业务涉及范围广，扩散速度快，对于平台型企业暴露出的职业安全问题，应适当加大处罚力度。在所得税征管方面，消除平台型企业与非平台企业之间的差异。政府通过复合型监管模式对平台型企业进行反垄断监管，管制平台型企业操控市场信息、扭曲市场价格的不正当竞争行为。营造不同类型的服务提供商公平竞争的市场环境。

第三，通过明确互联网用工关系属性来平衡劳资之间的谈判力量，提升政府公共服务能力。市场主体的互动是在一定的制度性框架内开展的，应合理界定互联网用工关系性质，平衡劳资之间的谈判力量。按照麦克西（McKersie，2019）的观点，即便集体协商没有起到很好的效果，它也是工人发出声音的一个渠道，从而，这个形式本身就有助于劳资关系的调节。鉴于我国平台经济所呈现出来的特征，本书建议将平台型工作视为一个工种，规定灵活性工作应当享受的劳动权利和社会保障。政府支持建立劳动者职业协会，支持协会代表劳动者和平台方进行集体谈判，提升劳动者一方的"组织化"意识和"组织化"程度，而不是让平台单方面垄断对于规则的话语权。

平台型就业的风险在本质上是劳资力量悬殊导致的。平台型就业的主体往往也是市场中谈判能力最弱的群体。本书认为，提升政府公共服务能力、推进社会公平和基础设施的公益性建设是根本的解决之道。发挥政府掌控国有资本的体制优势，政府扮演好再分配主体的角色，将国有资本利润更多用于民生领域。推动农民工的市民身份转化，使他们享受和城镇居民同等的医疗、养老、教育、廉租房等福利，提升他们的主动选择权。同时，城镇化也从根本上有助于提升内需，促进我国经济的"内循环"。

基于内部劳动力市场的相对稳定的组织关系对于平台型企业和劳动者来说是"双赢"的。在多方共建契约的条件下，劳资双方维持相对长期的合作关系可以有效降低人员轮换、职业技能培训的成本，也可以促进劳动者技能的持续提升。因此，应鼓励平台型企业探索建立多方主体协商的合作性劳资制度的路径。

第四，通过劳动升级支持产业升级。平台劳动者和平台型企业的关系，本质上反映的是居于价值链末端的低端服务业劳动力市场的复杂支配关系。技术升级推动产业升级是根本的解决路径。技术升级一方面是市场需求端推动的，但是高质量的技术升级也是要素端所推动的。近些年来，我国劳动力价格上涨推动着企业进行生产端的自动化和智能化改造，提升了劳动生产率。从长远来看，为劳动者赋权可以促进产业端的升级，同时提升对高技能劳动力的需求，实现人力资源的升级。因此，应完善职业技能培训制度，通过政府资助建立更多"校企合作"的职业培训机构，支持劳动者开发通用型技能，提升劳动者的人力资本水平，加速劳动力市场的整合。

第五，探索覆盖所有用工形式的保障路径。劳动用工的灵活化已经成为必然的趋势。这既不能看作资本单方面推动、劳动者被迫妥协的结果，也不能完全看作劳动者自主选择的结果。这种用工形式在某种程度上促进了整体收益的提升也是显而易见的事实。因此，不能在用工形式的多样性和某种工作条件之间建立起必然联系。在我国，劳动保障的提供是以劳动关系认定为前提的。在过去，这种依靠缔约形式划分劳动者身份的做法能够较好地代表他们的工作条件，但在今天已经趋于失效。本书建议，应当尽早放弃这种分类维度，探索一种覆盖所有用工形式的保障路径，不论是标准的雇佣关系，还是基于合同的劳务关系。

参考文献

［1］GREGG M. Work's intimacy ［M］. Cambridge, MA: Polity Press, 2013.

［2］IRANI L. Difference and dependence among digital workers: The case of Amazon Mechanical Turk ［J］. South Atlantic Quarterly, 2015, 114 (1): 225-234.

［3］SUNDARARAJAN A. The sharing economy: The end of employment and the rise of crowd-based capitalism ［M］. Cambridge, MA: MIT Press, 2016.

［4］FRAIBERGER S P, SUNDARARAJAN A. Peer-to-peer rental markets in the sharing economy ［Z］. NYU Stern School of Business Working Paper, 2015.

［5］HIRSCHMAN A O. Rival interpretations of market society: Civilizing, destructive, or feeble? ［J］. Journal of Economic Literature, 1982, 20 (4): 1463-1484.

［6］马克思.资本论: 第一卷 ［M］. 中共中央马克思恩格斯列宁斯大林著作编译局, 译.北京: 人民出版社, 2004.

［7］BRAVERMAN H. Labor and monopoly capital: The degradation of work in the twentieth century ［M］. New York, NY: New York University Press, 1998.

［8］BURAWOY M. Manufacturing consent: Changes in the labor process under monopoly capitalism [M]. Chicago, IL: University of Chicago Press, 1982.

[9] KUNDA G. Engineering culture [M]. Cambridge, MA: MIT Press, 1992.

[10] HOCHSCHILD A R. The managed heart: Commercialization of human feeling [M]. Berkeley, CA: University of California Press, 2012.

[11] WARHURST C, NICKSON D. Employee experience of aesthetic labour in retail and hospitality [J]. Work, Employment and Society, 2007, 21 (1): 103-120.

[12] WITZ A, WARHURST C, NICKSON D. The labour of aesthetics and the aesthetics of organization [J]. Organization, 2003, 10 (1): 33-54.

[13] GANDINI A. Labour process theory and the gig economy [J]. Human Relations, 2019, 72 (6): 1039-1056.

[14] 吴清军, 李贞. 分享经济下的劳动控制与工作自主性 [J]. 社会学研究, 2018 (4): 137-162, 244-245.

[15] ROSENBLAT A, STARK L. Algorithmic labor and information asymmetries: A case study of Uber's drivers [J]. International Journal of Communication, 2016, 10: 3758-3784.

[16] VAN DOORN N. Platform labor: On the gendered and racialized exploitation of low-income service work in the 'on-demand' economy [J]. Information, Communication & Society, 2017, 20 (6): 898-914.

[17] BEEREPOOT N, LAMBREGTS B. Competition in online job marketplaces: Towards a global labour market for outsourcing services? [J]. Global Networks, 2015, 15 (2): 236-255.

[18] HUWS U. Logged labour: A new paradigm of work organisation? [J]. Work Organisation, Labour and Globalisation, 2016, 10 (1): 7-26.

[19] COLLIER R B, DUBAL V, CARTER C. Labor platforms and gig

work: The failure to regulate [EB/OL]. [2019-08-20]. http: //irle.berke-ley.edu/files/2017/Labor-Platforms-and-Gig-Work.pdf.

[20] NEWLANDS G, LUTZ C, FIESELER C. Collective action and pro-vider classification in the sharing economy [J]. New Technology, Work and Employment, 2018, 33 (3): 250-267.

[21] 陈龙. "数字控制"下的劳动秩序——外卖骑手的劳动控制研究 [J]. 社会学研究, 2020 (6): 113-135, 244.

[22] CAMERON L D. Making out while driving: Control, coordination, and its consequences in algorithmic labor [EB / OL]. [2019-08-20]. https: //www.gsb.stanford.edu/sites/gsb/files/jmp_lindsey-cameron.pdf.

[23] KALLEBERG A L. Good jobs, bad jobs: The rise of polarized and precarious employment systems in the United States, 1970s-2000s [M]. New York: Russell Sage Foundation Publications, 2011.

[24] STANDING G. The precariat: The new dangerous class [M]. Lon-don: Bloomsbury Academic, 2011.

[25] GINTIS H, GINTIS H. The nature of labor exchange and the theory of capitalist production [J]. Review of Radical Political Economics, 1976, 8 (2): 36-54.

[26] QUINLAN M. The "pre - invention" of precarious employment: The changing world of work in context [J]. The Economic and Labour Rela-tions Review, 2012, 23 (4): 3-24.

[27] VALENDUC G, VENDRAMIN P. Work in the digital economy: Sorting the old from the new [Z]. European Trade Union Institute Working Pa-per, 2016.

[28] VAN DOORN N. Platform labor: On the gendered and racialized ex-ploitation of low-income service work in the "on-demand" economy [J]. In-formation, Communication & Society, 2017, 20 (6): 898-914.

[29] FLANAGAN F. Theorising the gig economy and home-based service work [J]. Journal of Industrial Relations, 2019, 61 (1): 57-78.

[30] RAHMAN K S, THELEN K. The rise of the platform business model and the transformation of twenty-first-century capitalism [J]. Politics & Society, 2019, 47 (2): 177-204.

[31] HODSON R. Worker resistance: An underdeveloped concept in the sociology of work [J]. Economic and Industrial Democracy, 1995, 16 (1): 79-110.

[32] SIMPSON I H. The sociology of work: Where have the workers gone? [J]. Social Forces, 1989, 67 (3): 563-581.

[33] VALLAS S P. The adventures of managerial hegemony: Teamwork, ideology, and worker resistance [J]. Social Problems, 2003, 50 (2): 204-225.

[34] SCHOR J B, ATTWOOD-CHARLES W, CANSOY M, et al. Dependence and precarity in the platform economy [J]. Theory and Society, 2020, 49 (5): 833-861.

[35] RAVENELLE A. Hustle: The lived experience of workers in the sharing economy [D]. New York, NY: The Graduate Center, CUNY, 2016.

[36] GRAY M L, SUR S. Ghost work: How to stop Silicon Valley from building a new global underclass [M]. New York, NY: Houghton Mifflin Harcourt, 2019.

[37] OSTERMAN P. In search of the high road: Meaning and evidence [J]. ILR Review, 2018, 71 (1): 3-34.

[38] SCHOR J B, ATTWOOD-CHARLES W. The "sharing" economy: Labor, inequality, and social connection on for-profit platforms [J]. Sociology Compass, 2017, 11 (8).

[39] KENNEY M, ZYSMAN J. The rise of the platform economy [J].

Issues in Science and Technology, 2016, 32 (3): 61.

[40] LEE M K, KUSBIT D, METSKY E, et al. Working with machines: The impact of algorithmic and data-driven management on human workers [C]. Paper presented at the Proceedings of the 33rd Annual ACM Conference on Human Factors in Computing Systems, 2015.

[41] SCHWARTZ D. Embedded in the crowd: Creative freelancers, crowdsourced work, and occupational community [J]. Work and Occupations, 2018, 45 (3): 247-282.

[42] WOOD A J, GRAHAM M, LEHDONVIRTA V, et al. Networked but commodified: The (dis) embeddedness of digital labour in the gig economy [J]. Sociology, 2019, 53 (5): 931-950.

[43] ROBINSON H C. Making a digital working class: Uber drivers in Boston, 2016-2017 [D]. Cambridge, MA: Massachusetts Institute of Technology, 2017.

[44] SCHOLZ T. Platform cooperativism: Challenging the corporate sharing economy [M]. New York, NY: Rosa Luxemburg Stiftung, 2016.

[45] VALLAS S, PRENER C. Dualism, job polarization, and the social construction of precarious work [J]. Work and Occupations, 2012, 39 (4): 331-353.

[46] GIDDENS A. The constitution of society: Outline of the theory of structuration [M]. Berkeley, CA: University of California Press, 1984.

[47] 黄宗智. 实践与理论：中国社会、经济与法律的历史与现实研究 [M]. 北京：法律出版社，2015.

[48] PETTIGREW A M. Context and action in the transformation of the firm [J]. Journal of Management Studies, 1987, 24 (6): 649-670.

[49] RANSON S, HININGS B, GREENWOOD R. The structuring of organizational structures [J]. Administrative Science Quarterly, 1980, 25

（1）：1-17.

［50］WILLMOTT H. Studying managerial work：A critique and a proposal ［J］. Journal of Management Studies，1987，24（3）：249-270.

［51］ORLIKOWSKI W J，SCOTT S V. 10 Sociomateriality：Challenging the separation of technology，work and organization ［J］. The Academy of Management Annals，2008，2（1）：433-474.

［52］FELDMAN M S，ORLIKOWSKI W J. Theorizing practice and practicing theory ［J］. Organization Science，2011，22（5）：1240-1253.

［53］刘子曦. 故事与讲故事：叙事社会学何以可能——兼谈如何讲述中国故事 ［J］. 社会学研究，2018（2）：164-188.

［54］HIRSCHMAN D，REED I A. Formation stories and causality in sociology ［J］. Sociological Theory，2014，32（4）：259-282.

［55］邱泽奇. 技术与组织：多学科研究格局与社会学关注 ［J］. 社会学研究，2017（4）：167-192.

［56］尚杰. 从结构主义到后结构主义（上）［J］. 世界哲学，2004（3）：48-60.

［57］尚杰. 从结构主义到后结构主义（下）［J］. 世界哲学，2004（4）：59-81.

［58］SEWELL JR W H. A theory of structure：Duality，agency，and transformation ［J］. American Journal of Sociology，1992，98（1）：1-29.

［59］GIDDENS A. Central problems in social theory：Action，structure，and contradiction in social analysis ［M］. Berkeley，CA：University of California Press，1979.

［60］FOUCAULT M. The subject and power ［J］. Critical Inquiry，1982，8（4）：777-795.

［61］FOUCAULT M，DAVIDSON A I，BURCHELL G. The birth of biopolitics：Lectures at the Collège de France，1978-1979 ［M］. Basingstoke：

Palgrave Macmillan，2008.

[62] FOUCAULT M，EWALD F. "Society must be defended"：Lectures at the Collège de France，1975-1976 [M]. London：Picador，2003.

[63] 德勒兹.德勒兹论福柯 [M]. 凯麟，译.南京：江苏教育出版社，2006.

[64] 罗骞.所有的力量关系都是权力关系：论福柯的权力概念 [J]. 中国人民大学学报，2015（2）：63-70.

[65] 福柯.性经验史 [M]. 佘碧平，译.增订版.上海：上海人民出版社，2002.

[66] MOAZED A，JOHNSON N L. Modern monopolies：What it takes to dominate the 21st century economy [M]. New York，NY：St. Martin's Press，2016.

[67] SRNICEK N. Platform capitalism [M]. New York，NY：John Wiley & Sons，2017.

[68] AZZELLINI D，GREER I，UMNEY C. Limits of the platform economy：Digitalization and marketization in live music [Z]. Working Paper Forschungsförderung，No. 154，2019.

[69] SUTHERLAND W，JARRAHI M H. The sharing economy and digital platforms：A review and research agenda [J]. International Journal of Information Management，2018，43：328-341.

[70] ORLIKOWSKI W J，IACONO C S. Desperately seeking the "IT" in IT research a call to theorizing the IT artifact [J]. Information Systems Research，2001，12（2）：121-134.

[71] 布尔迪厄，华康德.反思社会学导引 [M]. 李猛，李康，译.北京：商务印书馆，2015.

[72] JONES M R，KARSTEN H. Giddens's structuration theory and information systems research [J]. MIS Quarterly，2008，32（1）：127-157.

［73］ BARLEY S R. Technology as an occasion for structuring: Evidence from observations of CT scanners and the social order of radiology departments ［J］. Administrative Science Quarterly, 1986, 31 (1): 78-108.

［74］ ORLIKOWSKI W J. Using technology and constituting structures: A practice lens for studying technology in organizations ［J］. Organization Science, 2000, 11 (4): 404-428.

［75］ LATOUR B. Reassembling the social: An introduction to Actor-Network-Theory ［M］. Oxford: Oxford University Press, 2005.

［76］ PICKERING A. The mangle of practice: Agency and emergence in the sociology of science ［J］. American Journal of Sociology, 1993, 99 (3): 559-589.

［77］ BERG M. Of forms, containers, and the electronic medical record: Some tools for a sociology of the formal ［J］. Science, Technology & Human Values, 1997, 22 (4): 403-433.

［78］ BARAD K. Posthumanist performativity: Toward an understanding of how matter comes to matter ［J］. Signs: Journal of Women in Culture and Society, 2003, 28 (3): 801-831.

［79］ ØSTERLIE T, ALMKLOV P G, HEPSØ V. Dual materiality and knowing in petroleum production ［J］. Information and Organization, 2012, 22 (2): 85-105.

［80］ ORLIKOWSKI W J, SCOTT S V. What happens when evaluation goes online? Exploring apparatuses of valuation in the travel sector ［J］. Organization Science, 2014, 25 (3): 868-891.

［81］ BARRETT M, ORLIKOWSKI W, OBORN E, et al. Boundary relations: Technological objects and the restructuring of workplace boundaries ［Z］. Working Paper Series of the Judge Business School, Cambridge University, No. 16, 2007.

［82］ LEONARDI P M，BARLEY S R. What's under construction here? Social action，materiality，and power in constructivist studies of technology and organizing ［J］. Academy of Management Annals，2010，4（1）：1-51.

［83］ LAW J. After method：Mess in social science research ［M］. London：Routledge，2004.

［84］ CHEN J Y. Thrown under the bus and outrunning it! The logic of Didi and taxi drivers'labour and activism in the on-demand economy ［J］. New Media & Society，2018，20（8）：2691-2711.

［85］ 布迪厄，华康德.实践与反思：反思社会学导引 ［M］. 李猛，李康，译.北京：中央编译出版社，1998.

［86］ 杨伟国，王琦.数字平台工作参与群体：劳动供给及影响因素——基于U平台网约车司机的证据［J］.人口研究，2018（4）：78-90.

［87］ PETRIGLIERI G，ASHFORD S J，WRZESNIEWSKI A. Agony and ecstasy in the gig economy：Cultivating holding environments for precarious and personalized work identities ［J］. Administrative Science Quarterly，2019，64（1）：124-170.

［88］ 马克思.路易·波拿巴的雾月十八日 ［M］//马克思，恩格斯.马克思恩格斯文集：第二卷.中共中央马克思恩格斯列宁斯大林著作编译局，编译.北京：人民出版社，2009.

［89］ 波兰尼.巨变：当代政治与经济的起源 ［M］. 黄树民，译.北京：社会科学文献出版社，2013.

［90］ CLIFFORD G C. Peddlers and princes：Social development and economic change in two Indonesia towns ［M］. Chicago，IL：University of Chicago Press，1963.

［91］ FITZMAURICE C J，LADEGAARD I，ATTWOOD-CHARLES W，et al. Domesticating the market：Moral exchange and the sharing economy ［J］. Socio-Economic Review，2020，18（1）：81-102.

［92］ KALLEBERG A L, VALLAS S P. Probing precarious work: Theory, research, and politics ［J］. Research in the Sociology of Work, 2018, 31（1）: 1-30.

［93］ LASH S, URRY J. The end of organized capitalism ［M］. Madison, WI: University of Wisconsin Press, 1987.

［94］ CAMERON L D. Making out while driving: control, coordination, and its consequences in algorithmic labor ［Z］. Job Market Paper, 2018.

［95］ THELEN K. Regulating Uber: The politics of the platform economy in Europe and the United States ［J］. Perspectives on Politics, 2018, 16（4）: 938-953.

［96］ ALVESSON M, WILLMOTT H. Identity regulation as organizational control: Producing the appropriate individual ［J］. Journal of Management Studies, 2002, 39（5）: 619-644.

［97］ ASHFORTH B E, HARRISON S H, CORLEY K G. Identification in organizations: An examination of four fundamental questions ［J］. Journal of Management, 2008, 34（3）: 325-374.

［98］ PETRIGLIERI G, ASHFORD S J, WRZESNIEWSKI A. Agony and ecstasy in the gig economy: Cultivating holding environments for precarious and personalized work identities ［J］. Administrative Science Quarterly, 2019, 64（1）: 124-170.

［99］ ØSTERLUND C, CARLILE P. Relations in practice: Sorting through practice theories on knowledge sharing in complex organizations ［J］. The Information Society, 2005, 21（2）: 91-107.

［100］ BARLEY S R, TOLBERT P S. Institutionalization and structuration: Studying the links between action and institution ［J］. Organization Studies, 1997, 18（1）: 93-117.

［101］ 休厄尔.历史的逻辑: 社会理论与社会转型 ［M］. 朱联璧, 费

滢，译.上海：上海人民出版社，2012.

[102] ROEMER J E. New directions in the Marxian theory of exploitation and class [J]. Politics & Society，1982，11（3）：253-287.

[103] 黄宗智.中国的非正规经济再思考：一个来自社会经济史与法律史视角的导论 [J]. 开放时代，2017（2）：153-163.

[104] 汪建华，张书琬.劳动力市场中的社会控制：评《全球"猎身"》与《流动社会的秩序》[J]. 社会学评论，2019（4）：88-96.

[105] 项飚.全球"猎身"：世界信息产业和印度的技术劳工 [M]. 北京：北京大学出版社，2012.

[106] 孙萍.如何理解算法的物质属性——基于平台经济和数字劳动的物质性研究 [J]. 科学与社会，2019（3）：50-66.

[107] 孙萍."算法逻辑"下的数字劳动：一项对平台经济下外卖送餐员的研究 [J]. 思想战线，2019（6）：50-57.

[108] GLÖSS M，MCGREGOR M，BROWN B. Designing for labour: Uber and the on-demand mobile workforce [C]. Paper presented at the Proceedings of the 2016 CHI conference on human factors in computing systems，2016.

[109] MCKESRSIE R B. A field in flux：Sixty years of industrial relations [M]. Ithaca，NY：Cornell University Press，2019.

后 记

　　本书的完成离不开诸多师友的倾心相助。感谢我的博士导师杨伟国教授。早在 2016 年上半年，杨老师就敏锐地洞察到数字技术对工作的影响，尤其是工作"平台化"这一现象，鼓励我进行这方面的研究。在很长一段时间，我无法找到可行的研究路径，又担心这个题目与主流的劳动经济学研究议题不符，萌生退意。杨老师多次在关键时刻给予我鼓励。他告诉我，要做重要的议题，要关心自己的贡献在哪里。他始终要求我先把事实弄清楚，在方法论上则表示出包容的态度。这无形中让我敢于去"冒险"，尝试在当时看来"非主流"的研究路径。本书能够出版，也要归功于杨老师的鼓励和大力支持。感谢吴清军老师。在读博期间，我跟随吴老师完成了有关平台型工作的四个研究课题。在课题调研、讨论和写作中，得益于吴老师的言传身教，我对于平台劳动关系的理解不断加深。本书大部分的田野调查也是我和吴老师一起完成的，并且他在这一过程中担任的角色要高过于我。感谢张皓、刘子曦两位老师。在本书的写作过程中，两位老师对我的初稿给出了详细、中肯且富有建设性的意见，让深陷迷雾中的我拨云见日，受益至今。还要感谢闻效仪、汪建华老师为本书的写作提出宝贵的建议。

　　感谢麻省理工学院斯隆管理学院（MIT Sloan School of Management）的 Thomas Kochan 教授。在他的邀请下，我获得了在斯隆管理学院工作与雇佣研究所（Institute of Work and Employment Research，IWER）为期一年的访学机会，这段经历对于扩展我的研究视角至关重要。Kochan 教授为我提供了与 MIT 博士生无异的研究条件。他对于这一学科的热忱和投入，对于学术共同体成员的倾心帮助，让我觉得他就是我日后想努力成为的样子。感谢 Duanyi Yang 博士。在 MIT 的一年里，Yang 博士给予了我方方面面的帮助和照顾。我对于研究、写作种种细节的领会都得益于和她的频繁的交流。没有她，我恐怕很难融入异域的学术氛围当中。感谢 Wanda Orlikowski 教授。在她的同意下，我参与了她春季学期的讨论课。这门讨论课深刻地影响了我的认识论转向，本书所依据的理论路径也来自这一课程。Orlikowski 教授也了解了我的文章框架，给出了方向性的指导。在波士顿期间，我还有幸得到了 Steven Vallas 和 Juliet Schor 两位教授的指导，这些指导对我的研究起到了重要的推动作用。在 IWER 和 Economic Sociology 两个研讨会上，我报告过本书初稿的内容，得到了系里老师、同学的宝贵建议。到华南理工大学公共政策研究院工作之后，我曾就此议题在院内学术沙龙做汇报，也曾私下里和同事展开探讨，收获了不少宝贵建议。在此一并感谢！

经过和诸多师友的交流，我对工作世界的新现象有了更加深刻的理解。这也让我意识到，在针对未知现象的探索中，个体仅仅是一颗螺丝钉，只有开放、持续、无保留地交流和分享才能够推动对劳工领域及当下转型社会的研究。在研究过程中，从中国人民大学到麻省理工学院，再到华南理工大学公共政策研究院，我一路感受着学术共同体的力量，还有尚未谋面但以微信和邮件方式交流的师友给了我很多帮助。我对他们表示诚挚的感谢。

由于作者水平有限，本书必定存在许多不成熟、不专业、不完整的地方，甚至存在各种错误。出书刊印，对我而言也是非常焦灼的过程。作为对一种新的就业现象的探索，希望本书的出版能够收到些微的抛砖引玉效果，诚挚期盼社会各界人士对本书的任何方面提出批评、指导和修改建议！

王琦

2021 年 10 月于广州天河